LEICHTE MASCHEN

für warme Tage häkeln

CV

Leichte *Maschen* für warme Tage

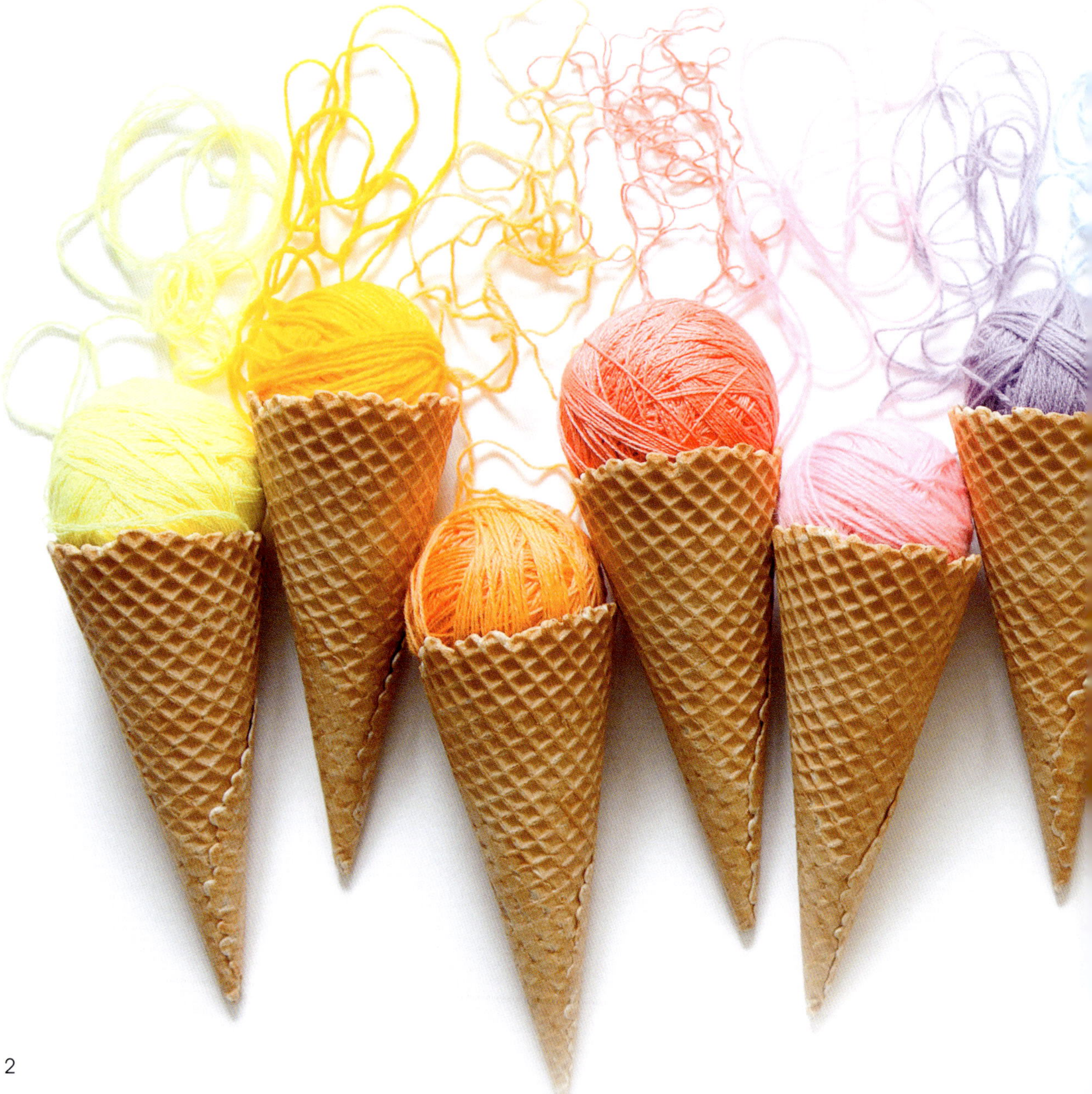

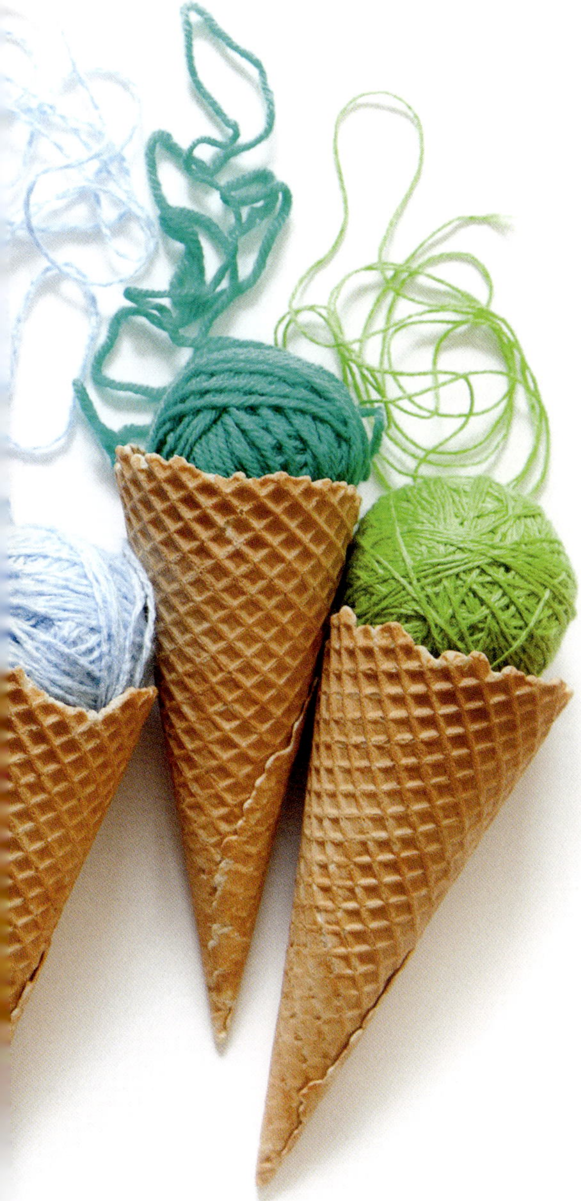

Häkeln erlebt gerade ein fulminantes Revival. Lange waren Häkelarbeiten in Gedanken sofort in der verstaubten Schublade von Topflappen, die man mühsam in der Grundschule anfertigen musste, Omas Spitzenschals und allenfalls noch die dicken, winterlichen Bommelmützen für Kinder. Und heute? Designer überbieten sich auf den Laufstegen von Paris, New York, Mailand und London mit atemberaubender Häkelmode, die mit oben genannten Erinnerungen wirklich gar nichts mehr gemeinsam hat. Das allein hätte als Inspiration für dieses Buch schon gereicht. Wenn dann noch die Sehnsucht nach Sommer, Sonne, Meer und Strand hinzukommt, gibt es keine Halten mehr: Schmökern, Modell aussuchen, sich für seine Lieblingsfarbe entscheiden und auf die Plätze, Losgehäkelt!

Karoline Hoffmeister

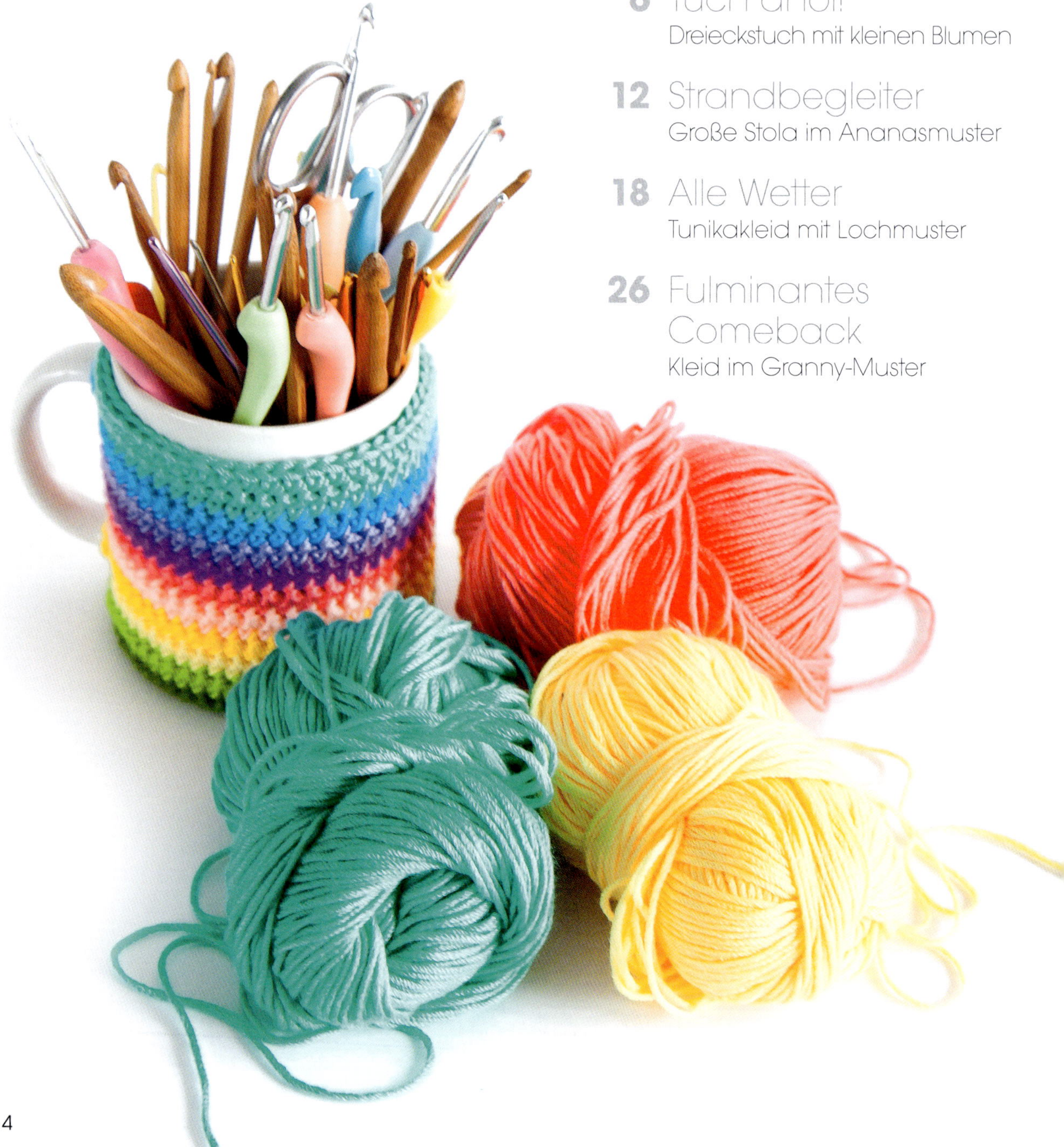

Inhalt

Abkürzungen

M = Masche; **R** = Reihe; **Rd** = Runde

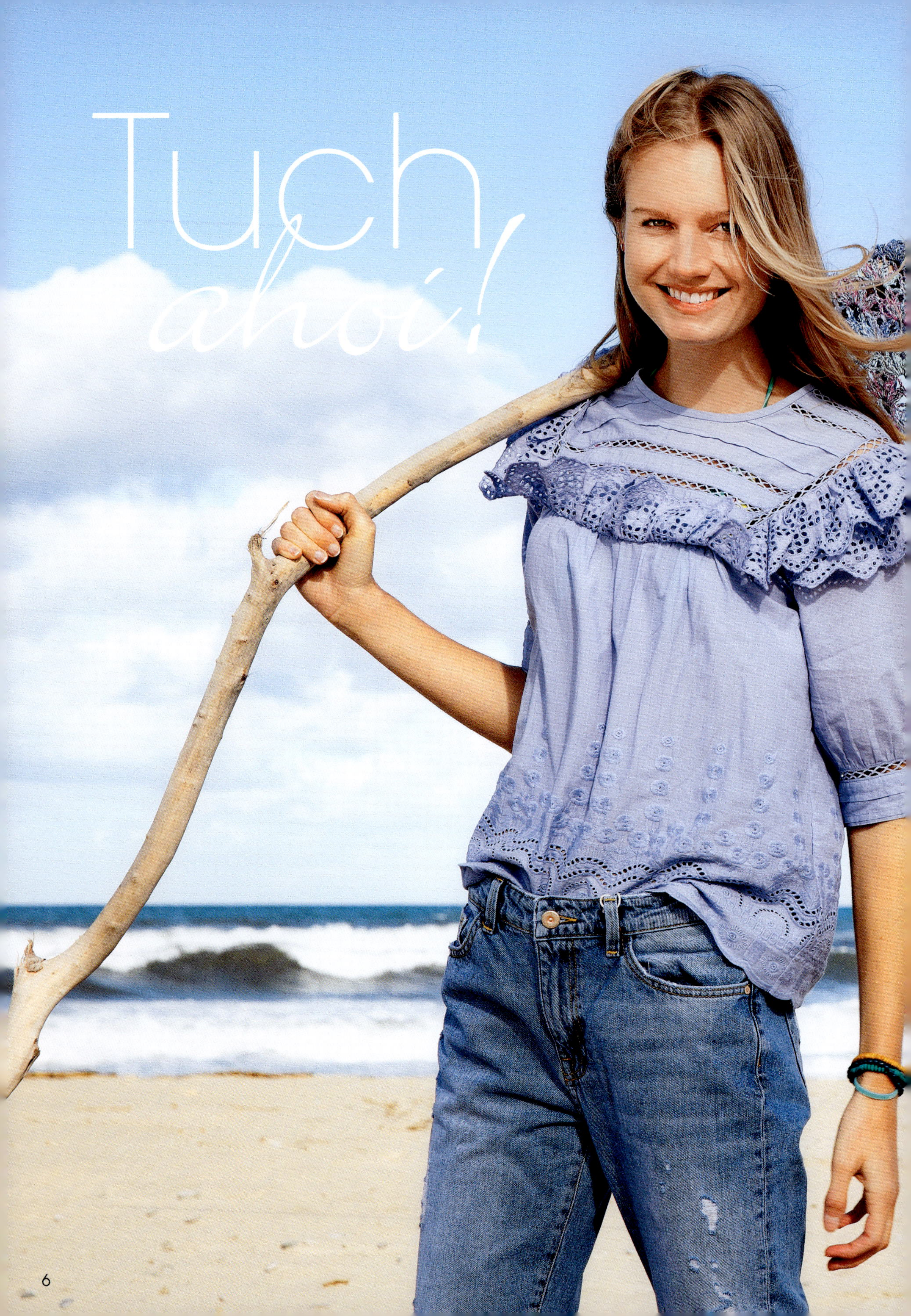
Tuch
ahoi!

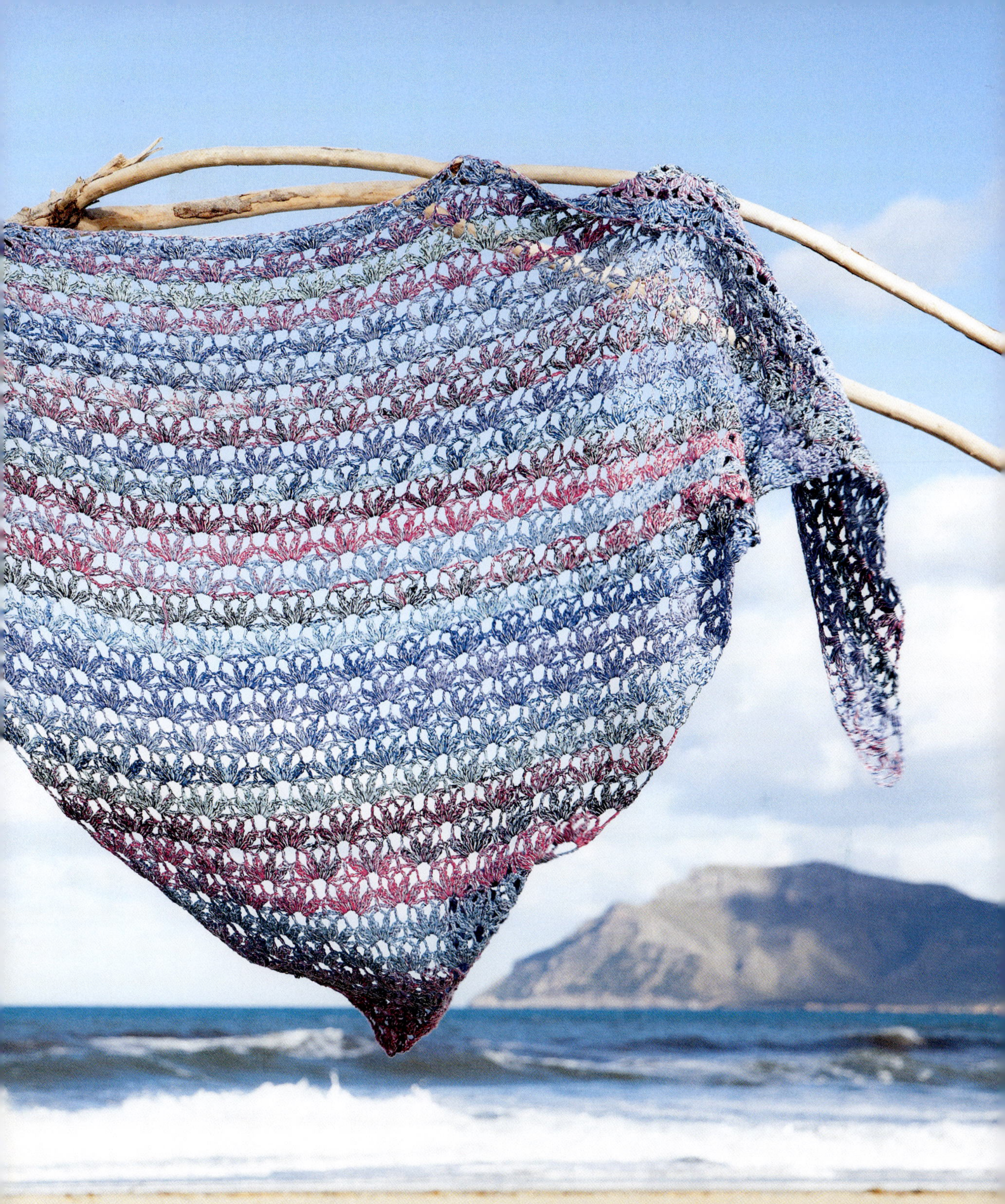

Das Tuch ist so riesig, dass es sich durchaus als schattenspendendes Sonnensegel eignet – man kann es aber auch einfach um die Schultern legen.

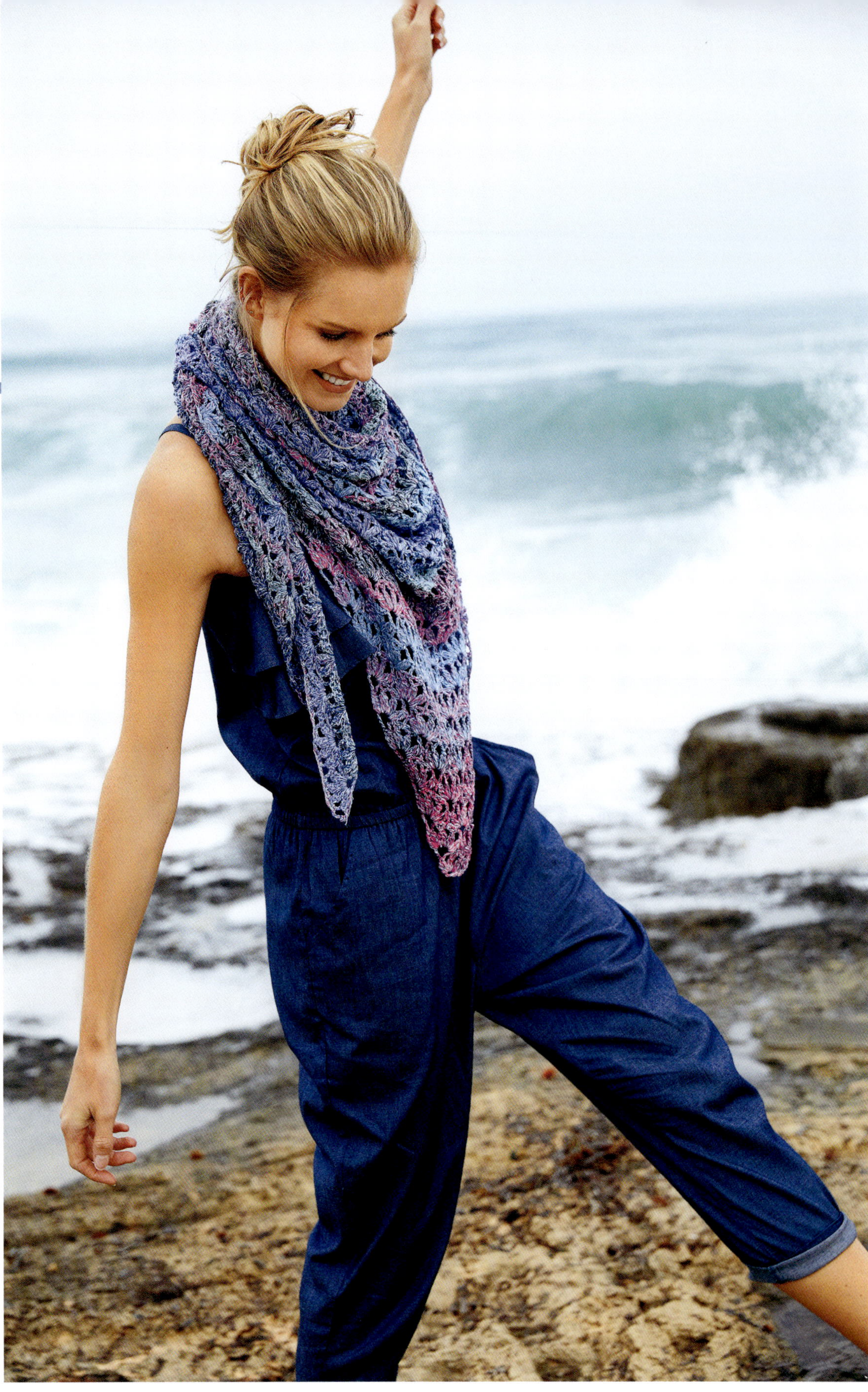

Tuch ahoi!

Dreieckstuch mit kleinen Blumen

GRÖSSE
180 cm x 90 cm (Breite x Höhe in der vorderen Mitte)

MATERIAL
Lana Grossa **Gomitolo Summer Tweed** (72 % Baumwolle, 20 % Viskose, 8 % Polyamid, Lauflänge ca. 400 m/100 g)
300 g in Flieder/Royal/Marine/Pink/Grau/Anthrazit/Zyklam **(Fb 7)**
Häkelnadel Nr. 4

MASCHENPROBE
Mit Nadel Nr. 4 im Blümchenmuster gehäkelt, ergeben 3 Blütenblätter in der Breite 9 cm und 4 Blütenreihen in der Höhe 10 cm.

MUSTER
Blütenblätter
Siehe Häkelschrift. Die 5.–6. R wiederholen und nach je 2 R das Muster um eine Blüte erweitern. 1 Büschel-M entspricht 3 zusammen abgemaschten DStb, die in eine Einstichstelle gearbeitet werden. Eine Blüte besteht aus 4 Büschel-M, die um den darunterliegenden Lm-Bogen gearbeitet werden. Zwischen den Büschel-M liegt jeweils ein Lm-Bogen aus 5 Lm.

Blütenblätter

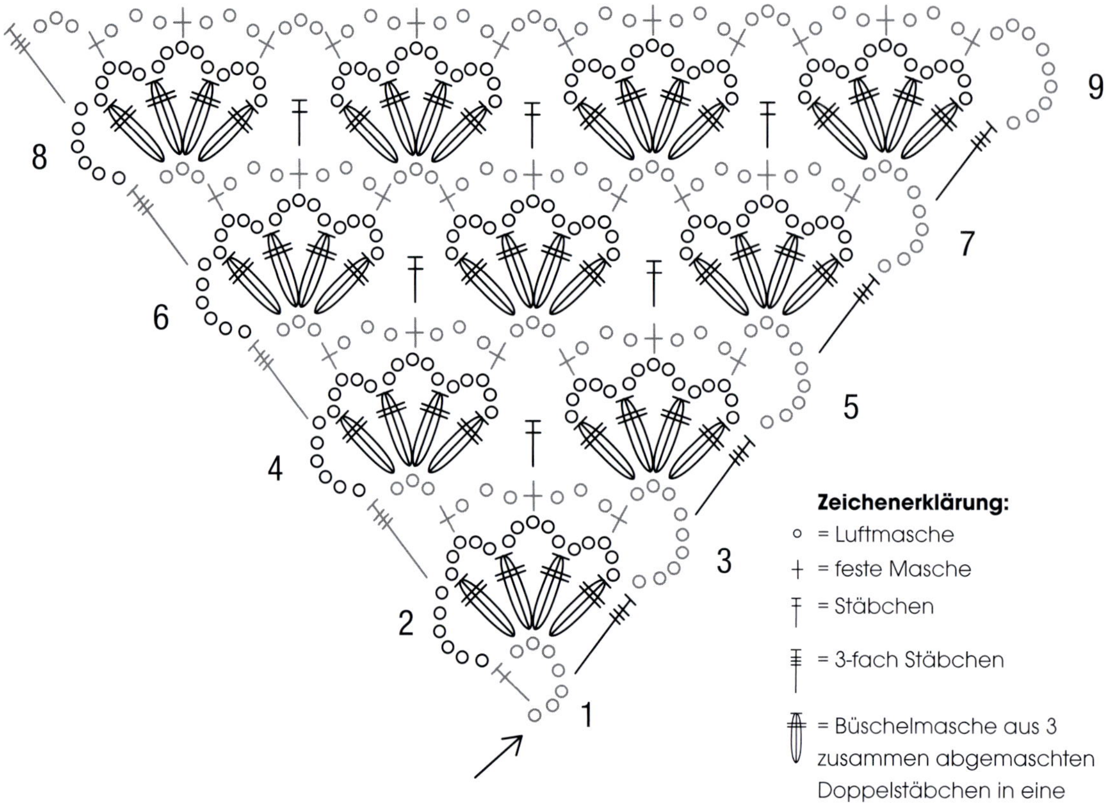

Zeichenerklärung:

- ∘ = Luftmasche
- + = feste Masche
- = Stäbchen
- = 3-fach Stäbchen
- = Büschelmasche aus 3 zusammen abgemaschten Doppelstäbchen in eine Einstichstelle

ANLEITUNG

Das Tuch wird ausgehend von der Spitze in Richtung langer Seite gehäkelt.

1. Rd: 7 Lm anschlagen und in die 1. Lm 1 Stb häkeln.

2. R: 6 Wende-Lm, 1 Blüte, 1 3-fach-Stb um den Lm-Bogen der Vor-R.

3. R: 9 Wende-Lm, 1 fM um den 1. Lm-Bogen der darunterliegenden Blüte zwischen den Büschel-M, * 3 Lm, 1 fM um den Lm-Bogen *, von * bis * noch 1 x wdh, R beenden mit 3 Lm und 1 3-fach-Stb um den darunterliegenden Lm-Bogen.

Weiter nach Häkelschrift arbeiten und die Maschenzahl stetig vergrößern. Nach 65 R die Arbeit beenden. Die Arbeit endet mit einer ungeraden R.

ZU GUTER LETZT

Alle Fäden vernähen. Das Tuch spannen, anfeuchten und trocknen lassen oder leicht dämpfen.

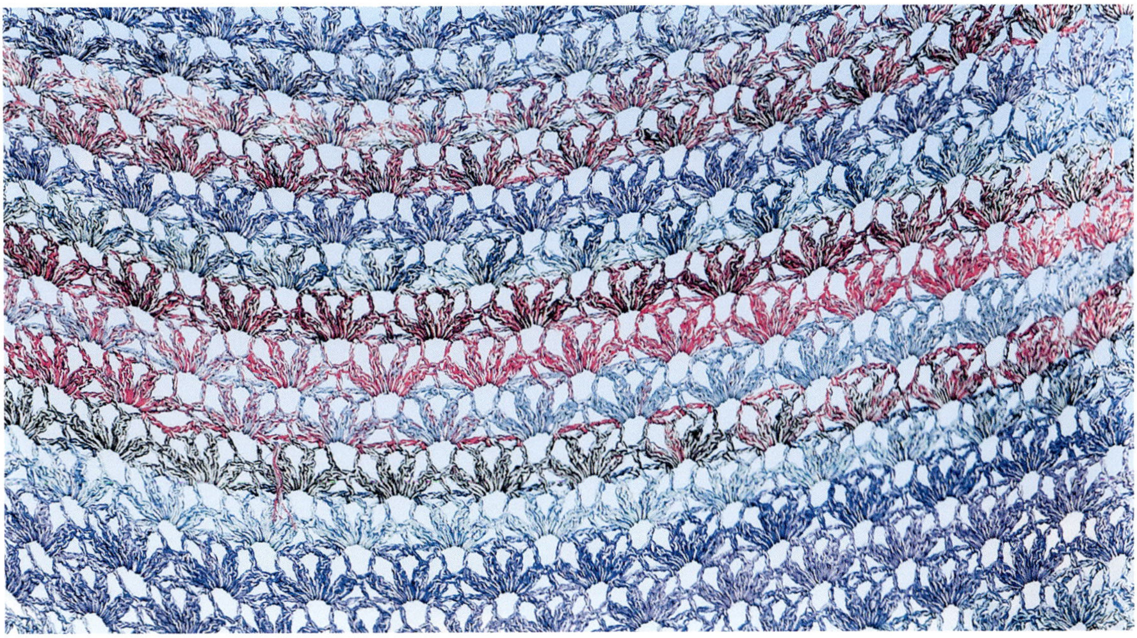

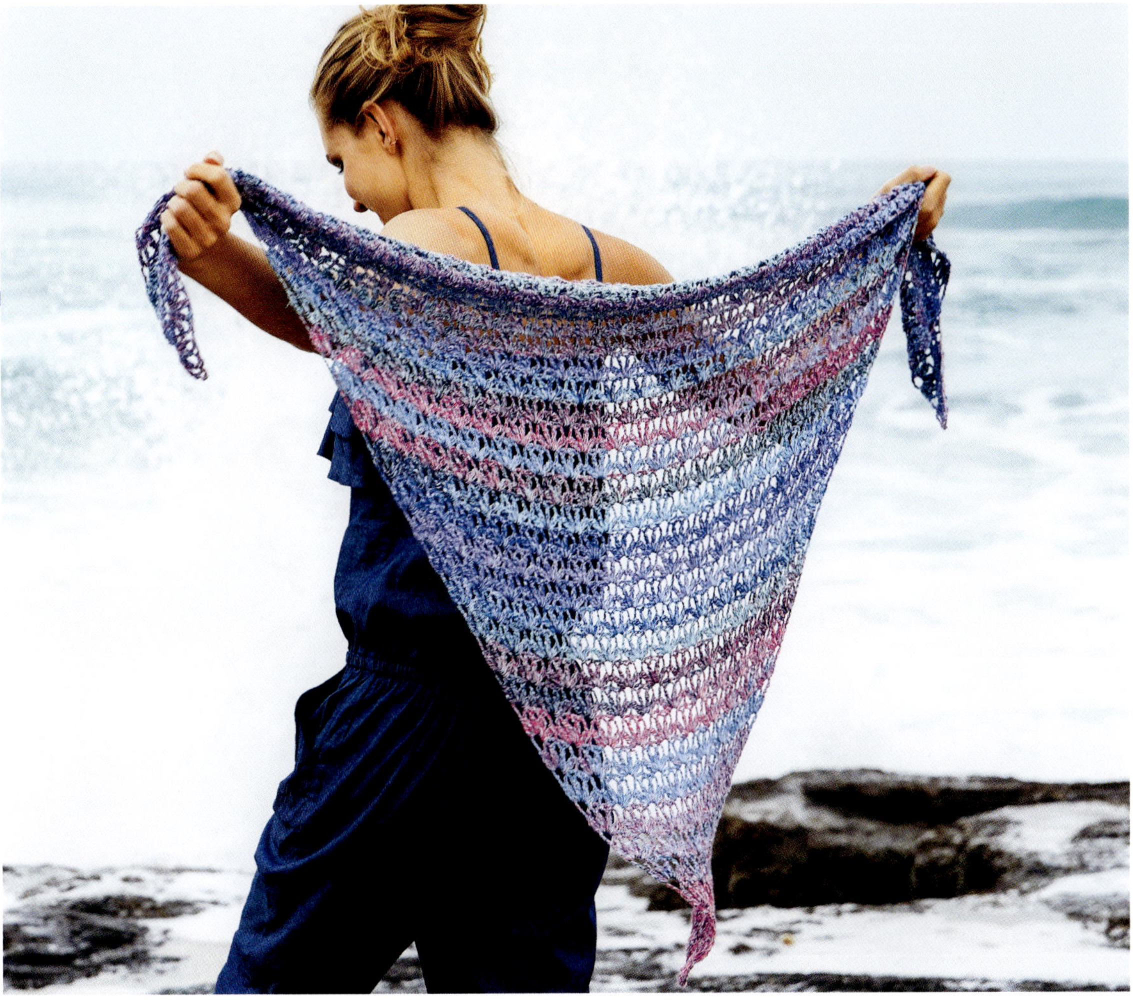

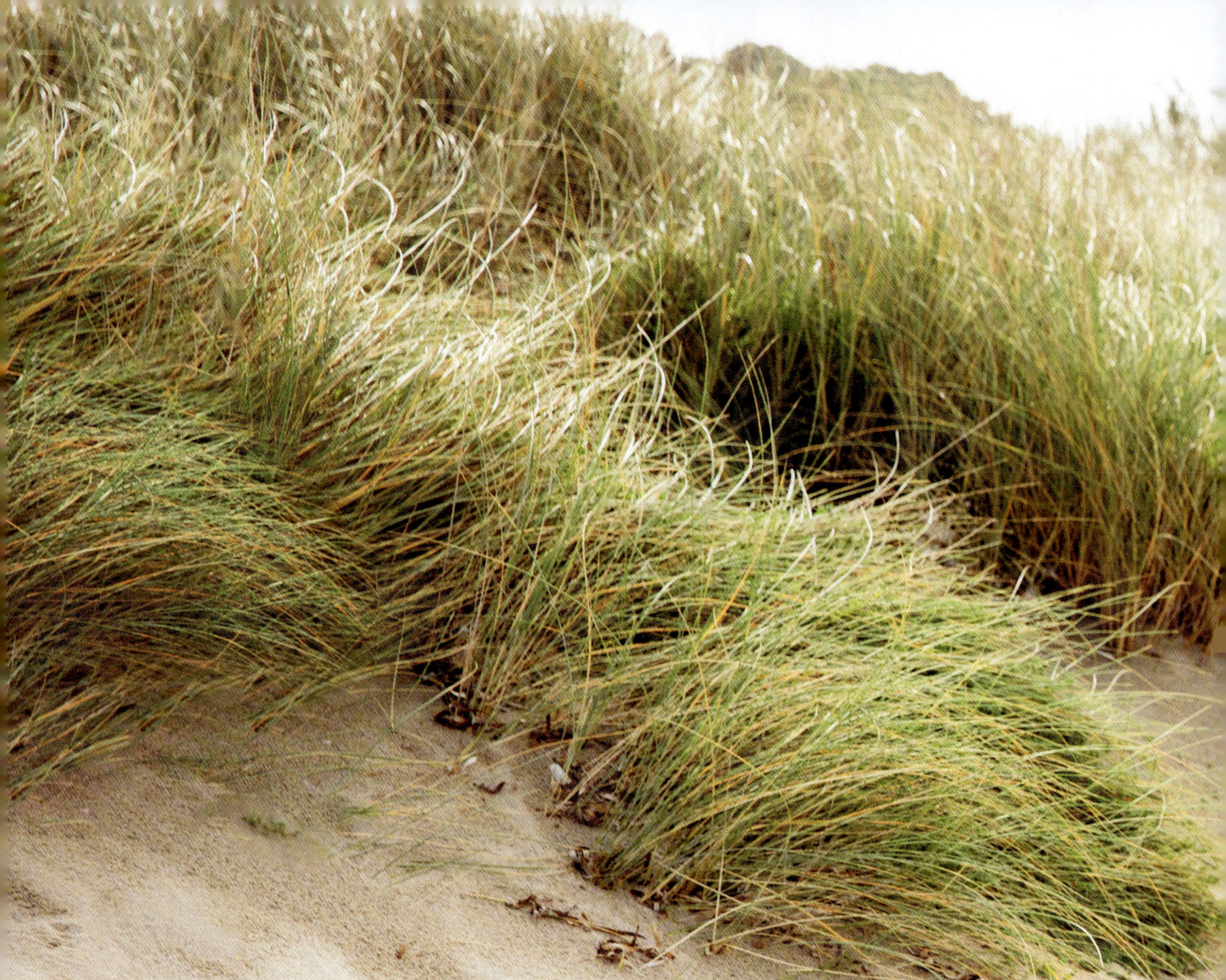

Strand begleiter

Wenn Sie diese Stola tragen, brauchen Sie sich um den Rest des Outfits nicht mehr zu sorgen. Alles an diesem Prachtstück ist unglaublich schön: Die Größe, das Muster und das Garn mit Farbverlauf.

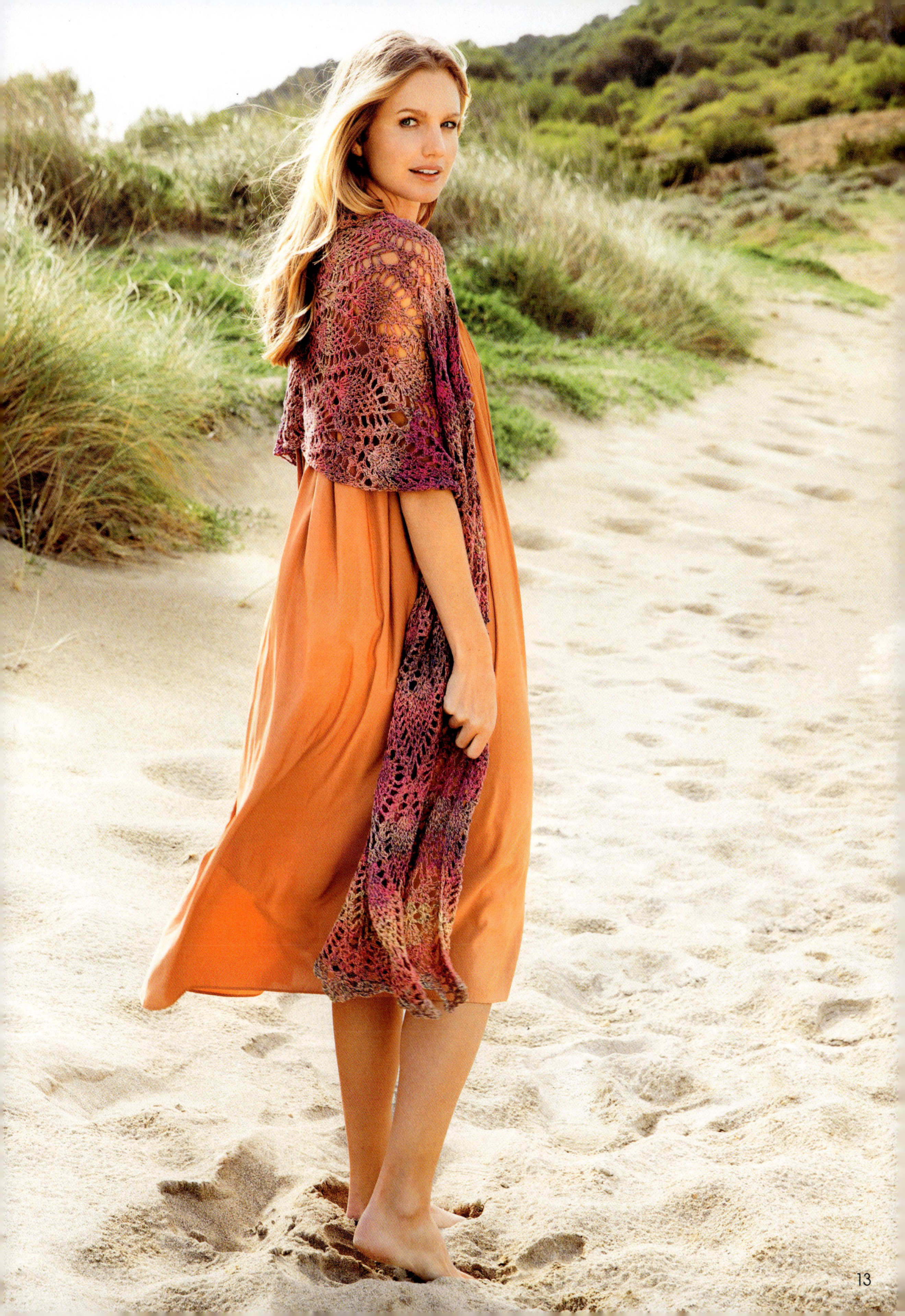

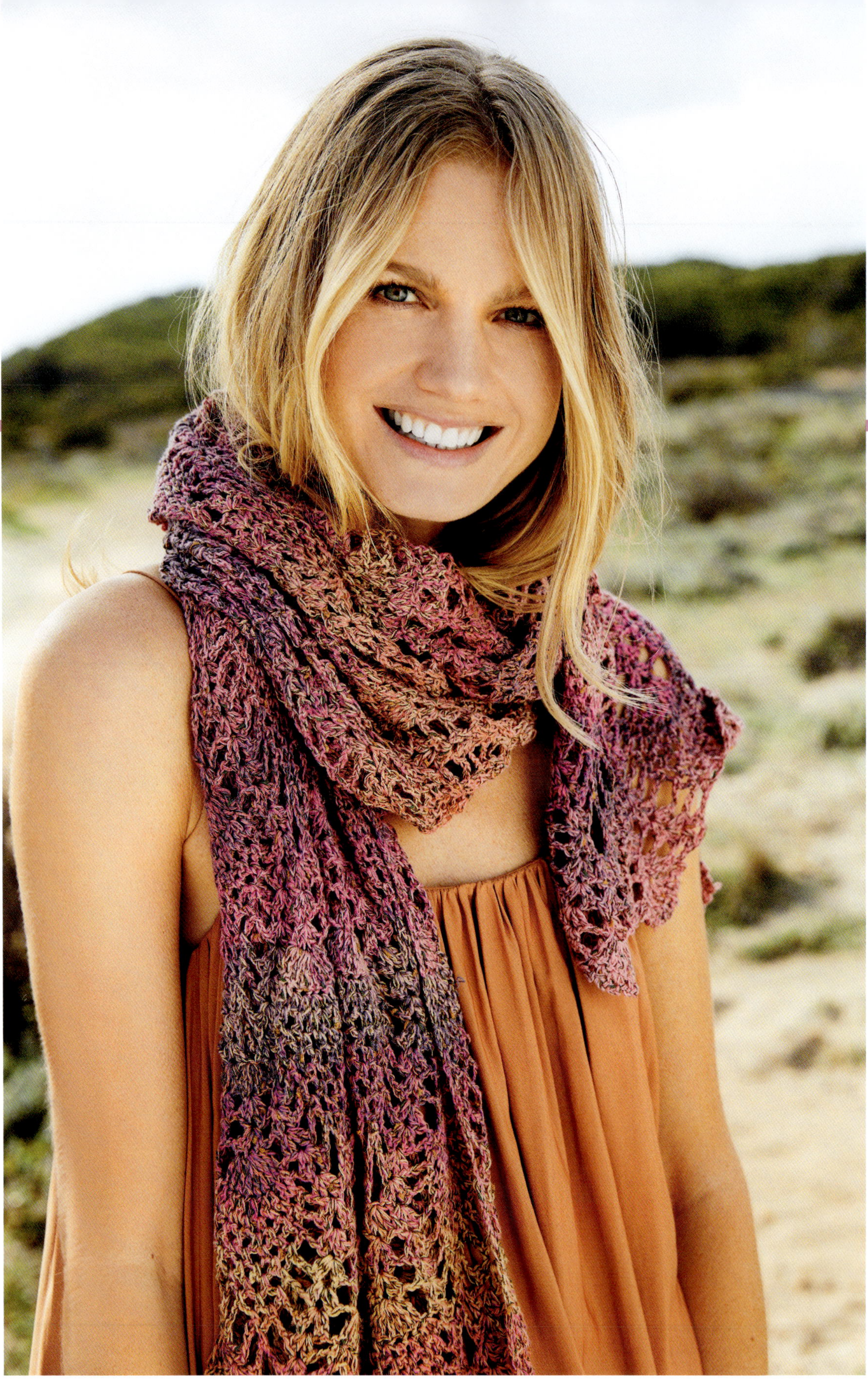

Strand *begleiter*

Große Stola im Ananasmuster

GRÖSSE
55 cm x 205 cm (Breite x Länge)

MATERIAL
Lana Grossa **Gomitolo Summer Tweed** (72 % Baumwolle, 20 % Viskose, 8 % Polyamid, Lauflänge ca. 400 m/100 g)
400 g in Dunkelgrau/Zyklam/Gelb/Grau/Lachs/Hellorange **(Fb 3)**
Häkelnadel Nr. 4

MASCHENPROBE
Mit Nadel Nr. 4 im Ananasmuster gehäkelt, ergibt ein Rapport in der Breite 13 cm und in der Höhe 17 cm. Die Angaben beziehen sich auf den gespannten Zustand.

MUSTER
Ananasmuster
Siehe Häkelschrift. Die 3.–16. R wiederholen

Ananasmuster

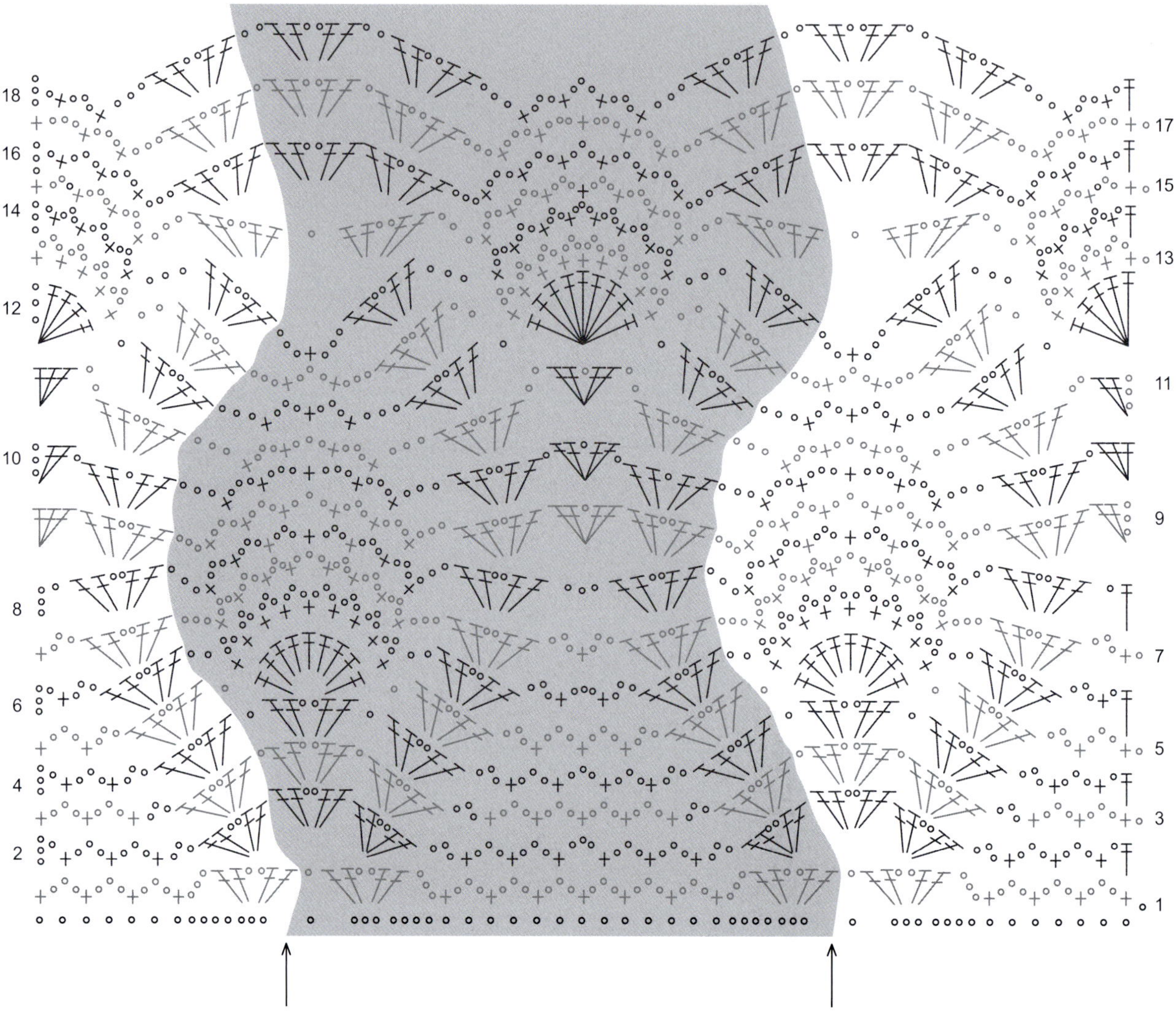

Zeichenerklärung:

∘ = Luftmasche

+ = feste Masche

Ŧ = Stäbchen

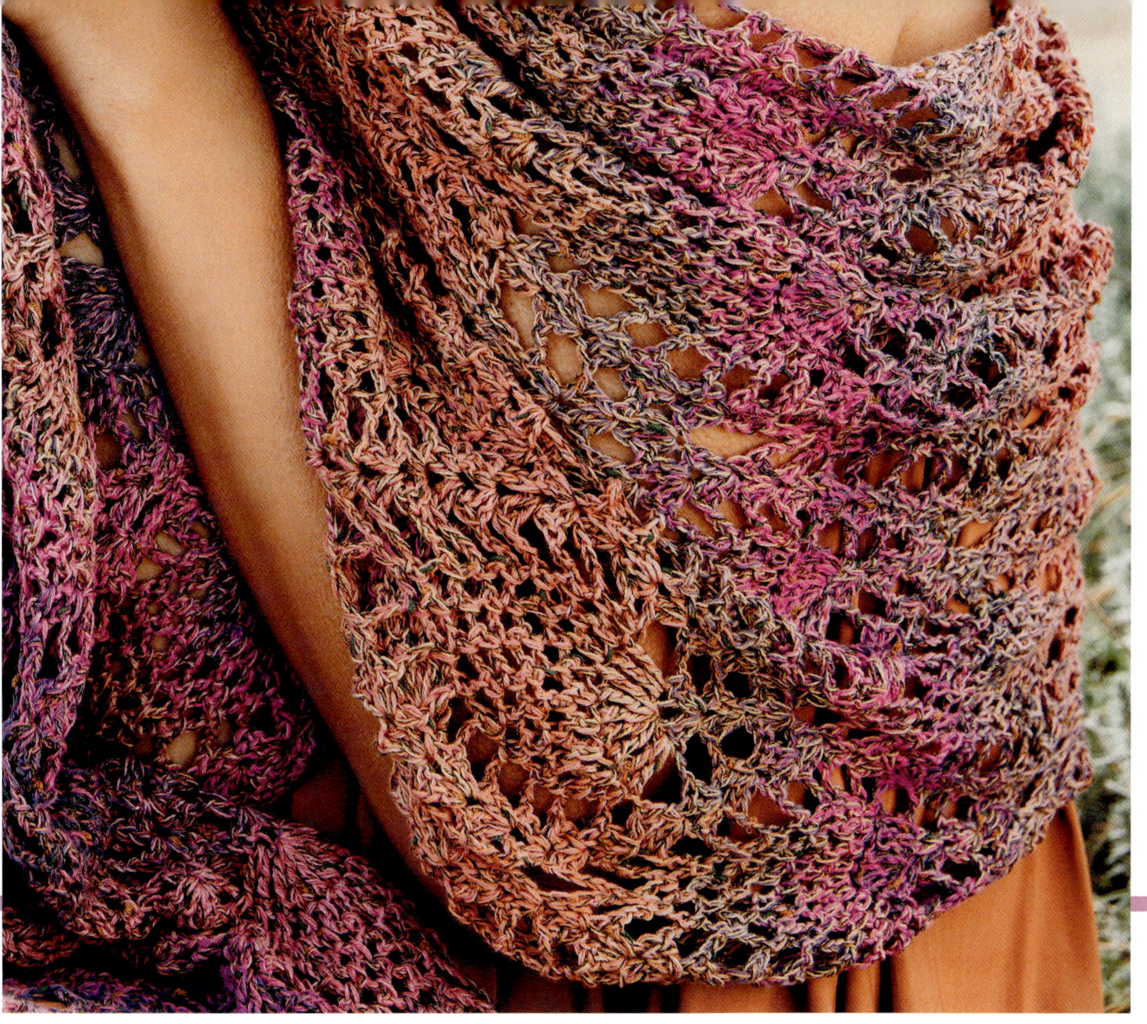

ANLEITUNG

Die Stola wird ausgehend von der Mitte in Richtung Saum gehäkelt, damit die Saumlinien beider Seiten identisch ausfallen.

Erste Hälfte: 113 + 1 Lm anschlagen und in die 2. Lm ab Nadel 1 fM häkeln (= 1. R). Weiter nach Häkelschrift arbeiten. Dabei die M wie folgt einteilen: 15 M vor der grauen Schattierung, Rapport à 28 M in der grauen Schattierung 3 x wiederholen, 14 M nach der grauen Schattierung. 1 x die 1.–2. R häkeln, dann die 3.–16. R 7 x wiederholen und mit der 17.–18. R enden. Nach 102 R die erste Hälfte der Stola beenden.

Zweite Hälfte: Die Arbeit um 180 Grad drehen und in die Start-Lm-Kette die 1. R der Häkelschrift arb. Wiederum 102 R häkeln, wie für die erste Hälfte beschrieben, dann die Arbeit beenden.

ZU GUTER LETZT

Alle Fäden vernähen. Stola spannen, anfeuchten und trocknen lassen oder leicht dämpfen.

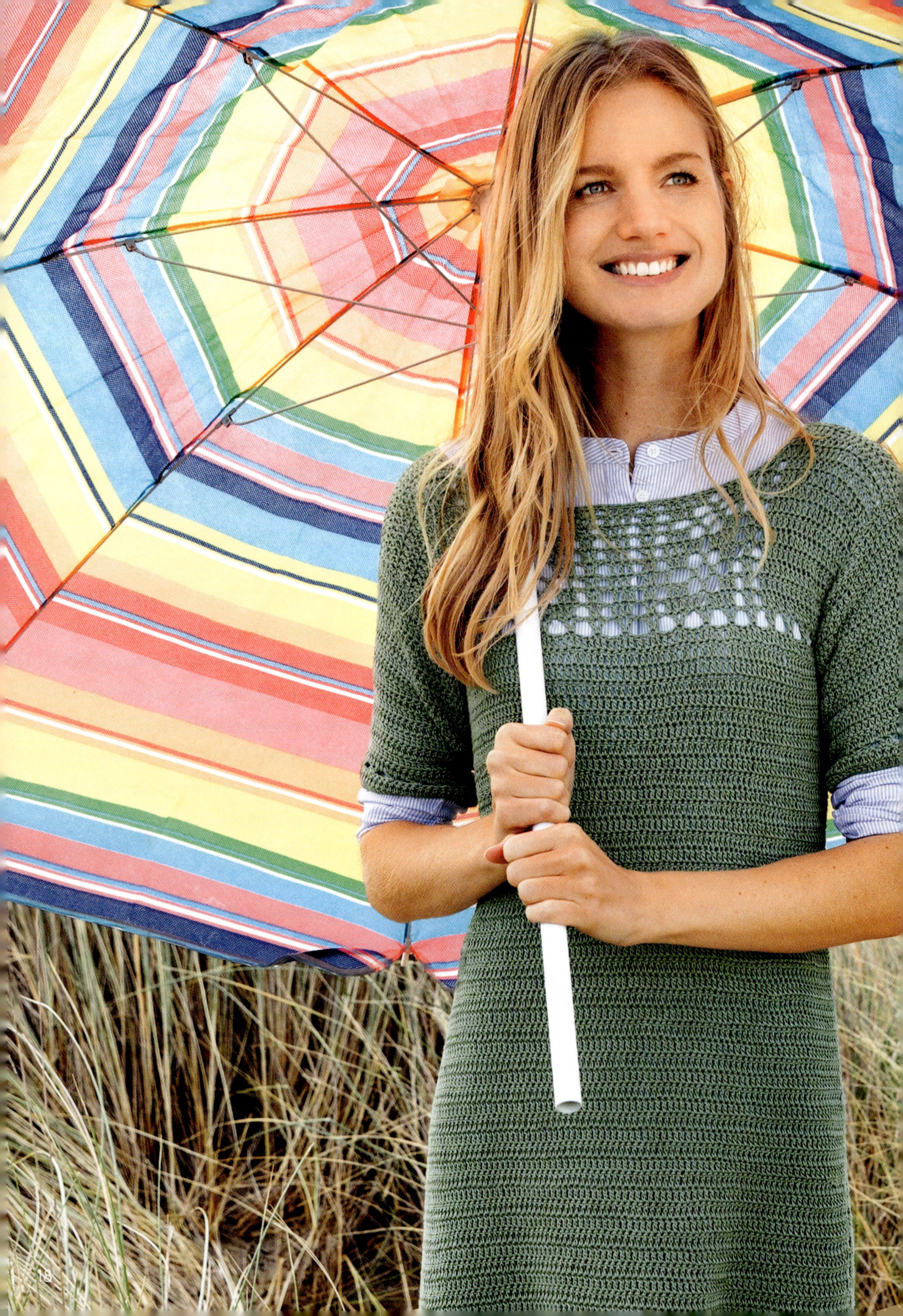

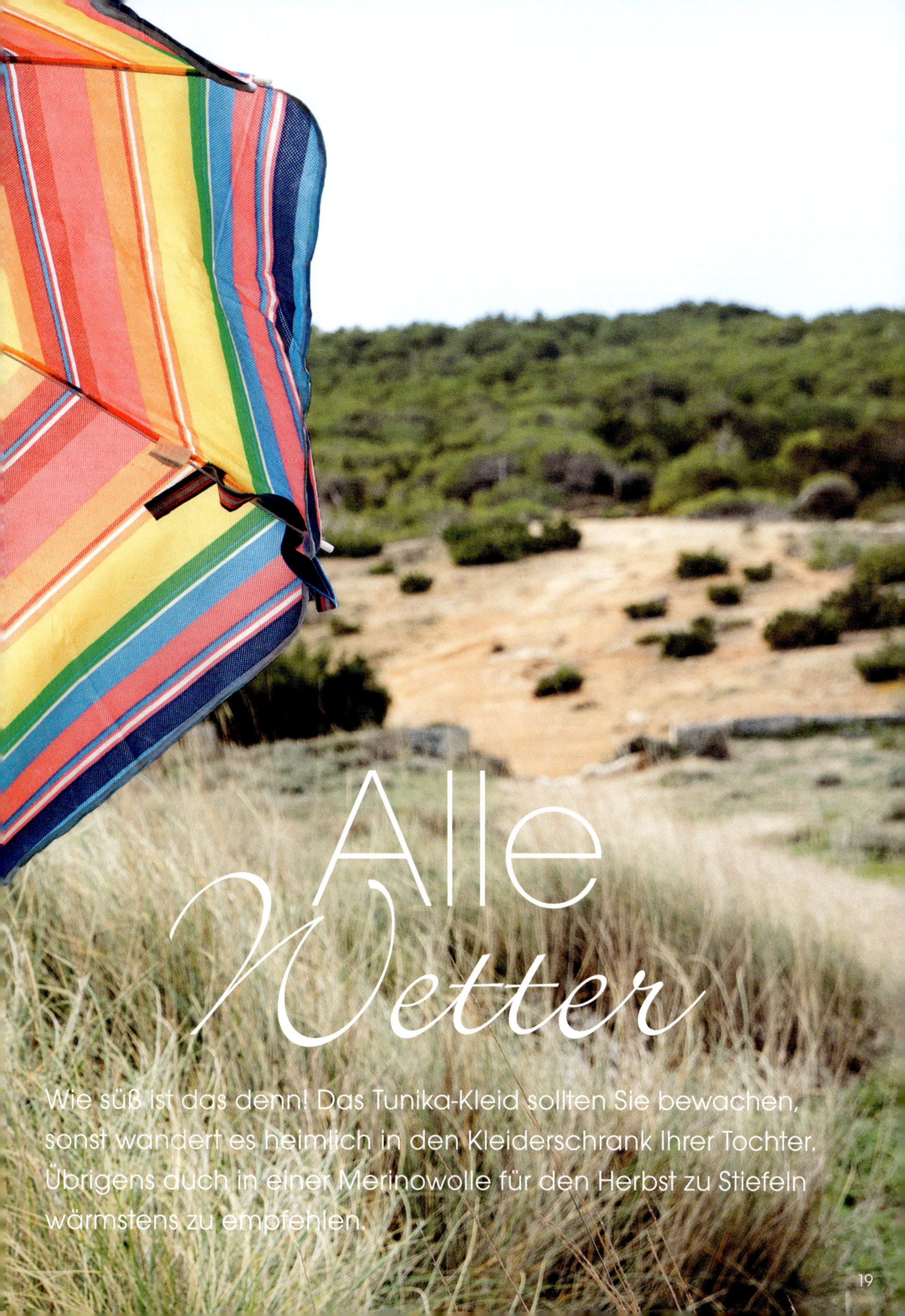

Alle *Wetter*

Wie süß ist das denn! Das Tunika-Kleid sollten Sie bewachen, sonst wandert es heimlich in den Kleiderschrank Ihrer Tochter. Übrigens auch in einer Merinowolle für den Herbst zu Stiefeln wärmstens zu empfehlen.

Alle Wetter

Tunikakleid mit Lochmuster

GRÖSSE

36–38, Länge 85 cm

Hinweis: Bedingt durch das Muster im Saum ist leider nur eine Größe möglich.

MATERIAL

Lana Grossa **Solo Lino** (80 % recyceltes Leinen, 20 % Leinen, Lauflänge ca. 120 m/50 g)
600 g Resedagrün **(Fb 20)**
Häkelnadel Nr. 3,5 und 4,0

MASCHENPROBE

Mit Nadel Nr. 3,5 in Stb gehäkelt, ergeben 18 M und 9,5 R 10 cm x 10 cm.

MUSTER

Hinweis zu allen Mustern
3 Wende-Lm ersetzen das 1. Stb. 1 Wende-Lm ersetzt die 1. fM.

Grundmuster
Stäbchen

Großes V-Muster
Maschenzahl teilbar durch 4 + 3 M.

Welle
Maschenzahl teilbar durch 17.

Kleine Blume
Als Einsatz siehe Häkelschrift „Vorderteil".

Hinweis für Geübte
Wer den Maschenanschlag als sogenannten „Fußschlingenanschlag" beherrscht, sollte diesen verwenden. Man häkelt in einem Arbeitsgang Lm und die 1. Stb-R, die zusammen bereits die 1. R der Häkelschrift bilden. Die Anschlagsart ist dehnbarer als der herkömmliche Lm-Anschlag.

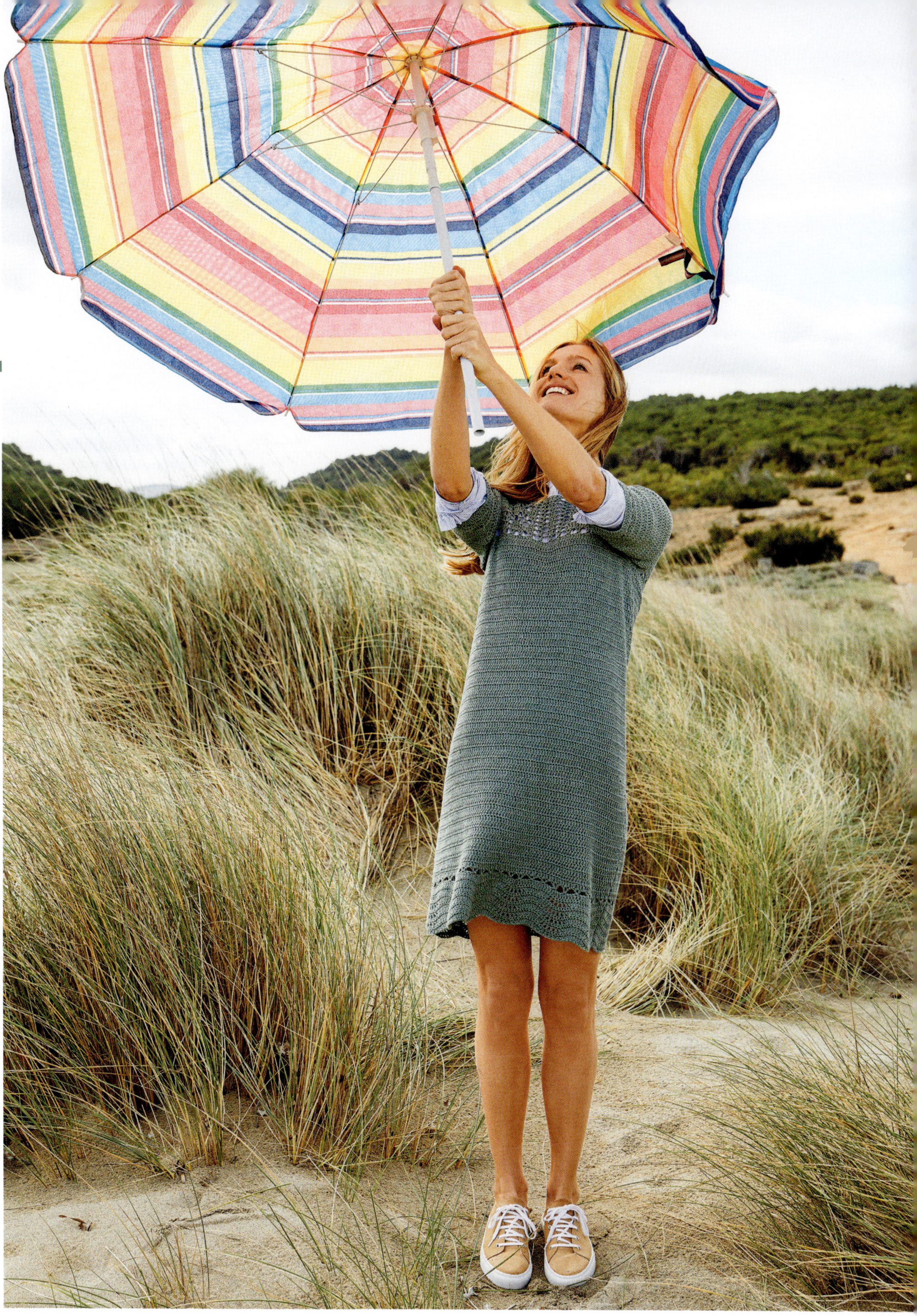

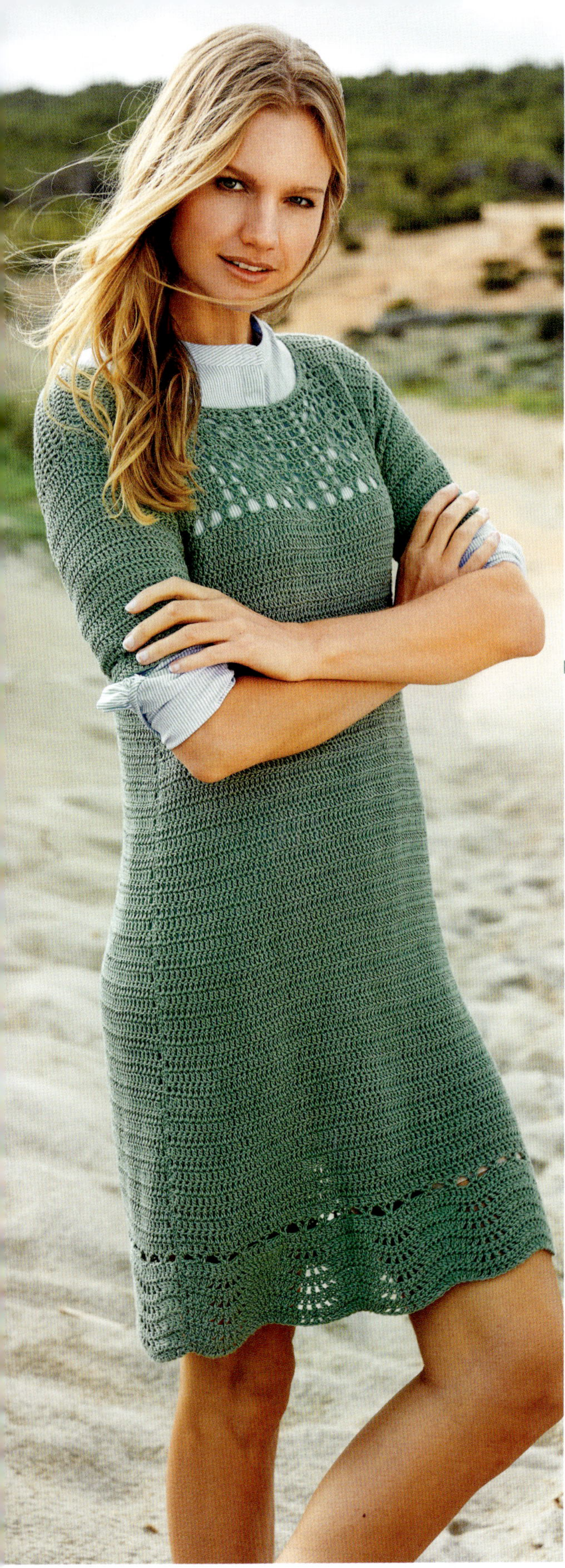

ANLEITUNG

RÜCKENTEIL

102 Lm + 3 Wende-Lm mit Nadel Nr. 4 anschlagen und das 1. Stb in die 4. Lm ab Nadel arbeiten. Nach Häkelschrift „Welle" arbeiten und 1 x die 1.–6. R und 3 x die 3.–4. R häkeln. Danach wechseln zu Nadeln Nr. 3,5.

13. R: Stb häkeln, dabei verteilt 7 x 2 M zusammenhäkeln und so 7 M abnehmen (= 95 M).

14. R: Nach Häkelschrift „Großes V-Muster" arbeiten.

15.–54. R: Stb häkeln, dabei beidseitig 4 x in jeder 13. R die 2. und 3. M und die drittletzte und vorletzte M zusammenhäkeln. Nach der 52. R wird weiter über 87 M gehäkelt.

55. R: Für die Armausschnitte beidseitig 4 M unbehäkelt lassen. Dafür am Anfang der R die 1.–4. M mit Km überhäkeln und die R mit 3 Wende-Lm beginnen, die später das 1. Stb der kommenden R ersetzen. Am Ende der R die letzten 4 M unbehäkelt lassen und wenden wie gewohnt.

56. R: Über 79 M im „Großen V-Muster" wie die 14. R der Häkelschrift arbeiten.
57.–69. R: Stb häkeln.
70.–71. R: Den hinteren Halsausschnitt nach entsprechender Häkelschrift arbeiten. Beide Schultern getrennt beenden. Bitte beachten, dass rechts und links von der Passe jeweils 17 Stb gehäkelt werden. Exemplarisch sind lediglich 3 Stb gezeichnet. Beide Schultern nach der 71. R beenden.

VORDERTEIL

Das Vorderteil bis zur 56. R wie das Rückenteil häkeln.
57.–71. R: Nach Häkelschrift „Vorderteil" arbeiten. Ab der 66. R den vorderen Halsausschnitt einarbeiten und beide Seiten getrennt beenden.

ÄRMEL

55 Lm + 3 Wende-Lm mit Nadel Nr. 3,5 anschlagen und das 1. Stb in die 4. Lm ab Nadel häkeln. 2 R Stb häkeln.
3.–4. R: 1 R im „Großen V-Muster" wie die 14. R der Häkelschrift arbeiten. Im Anschluss 1 R Stb häkeln.
5.–19. R: Stb arbeiten, dabei 5 x in jeder 3. R beidseitig 1 M zunehmen. Dafür die 2. und die vorletzte M der R verdoppeln, indem in die M 2 M gehäkelt werden (= 65 M).
Nach der 19. R die Arbeit beenden.
Den zweiten Ärmel ebenso arbeiten.

ZU GUTER LETZT

Schulter-, Seiten- und Ärmelnähte schließen. Die Ärmel in das Armloch nähen. Den Halsausschnitt mit 1 R fM umhäkeln. Alle Fäden vernähen. Das Kleid dämpfen und in Form ziehen.

Welle

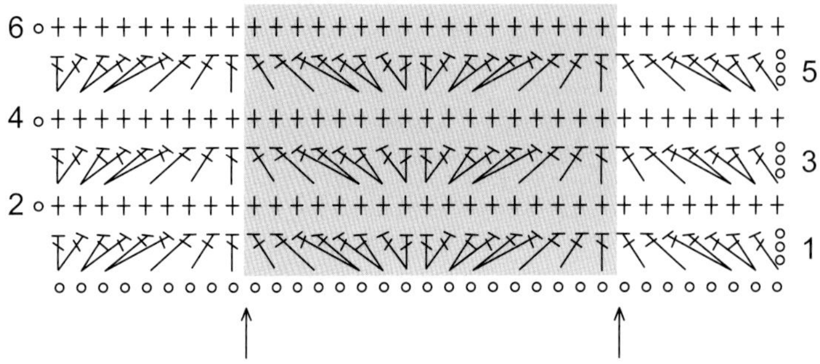

Großes V-Muster

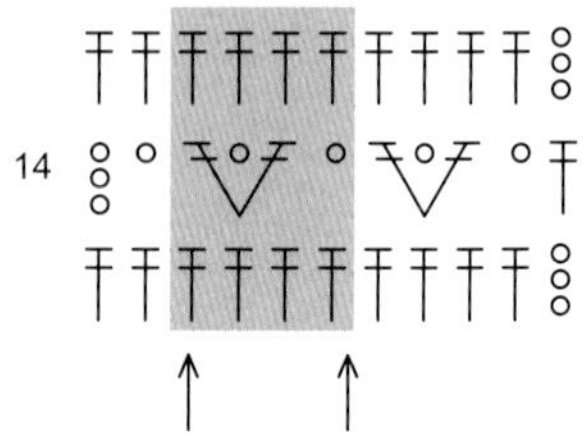

Einsatz und Halsausschnitt Vorderteil

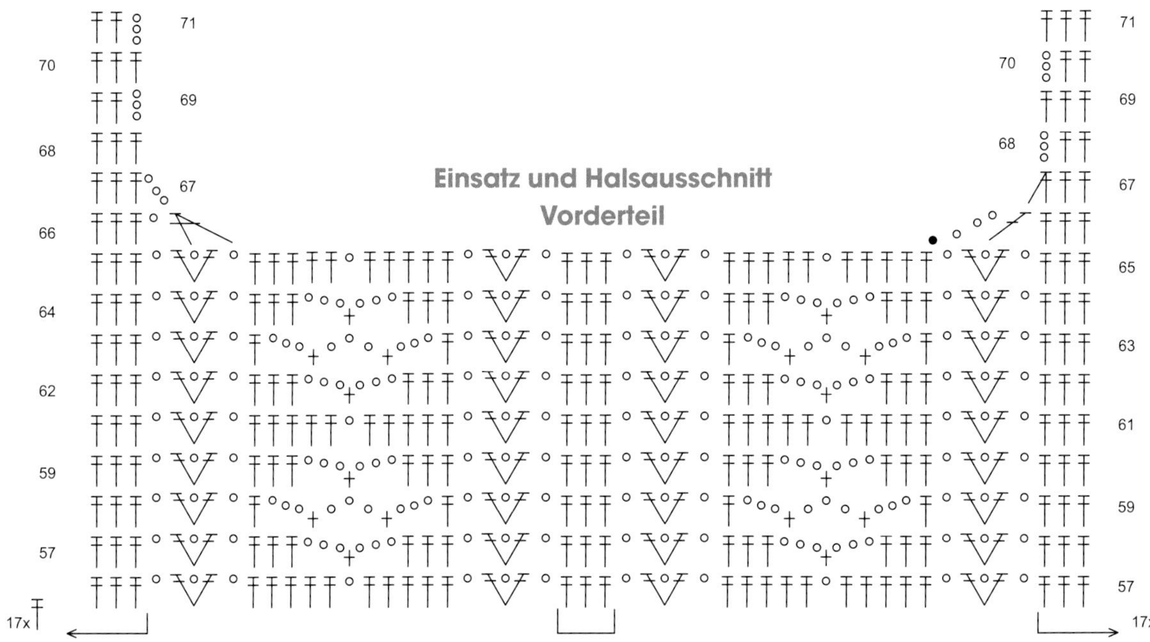

Halsausschnitt Rückenteil

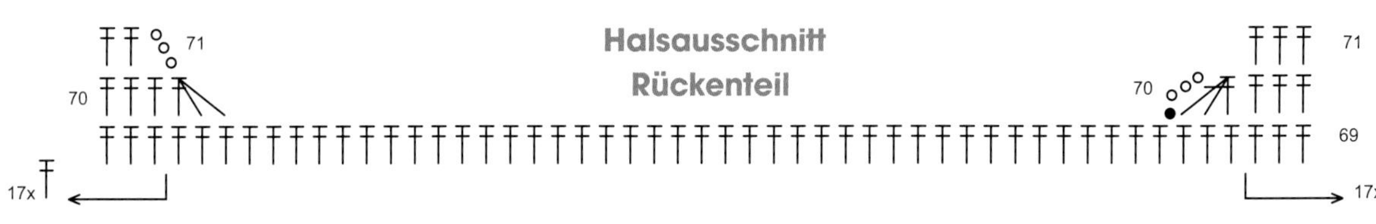

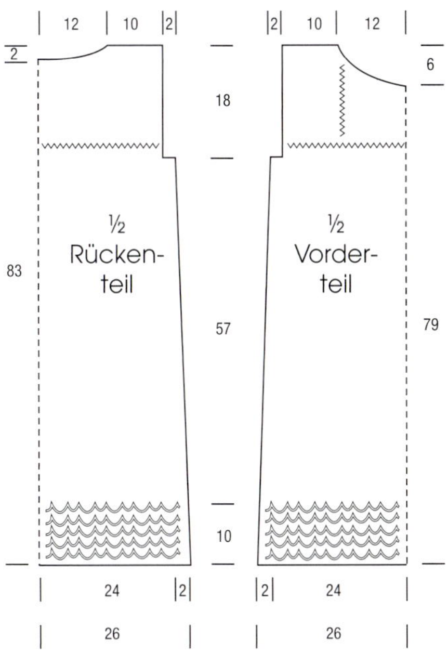

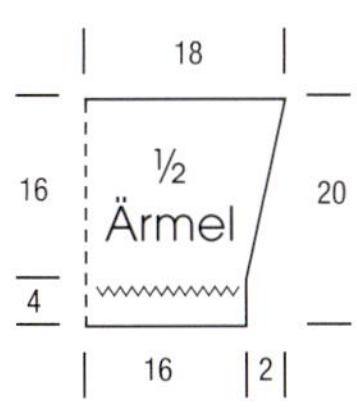

Zeichenerklärung:

- ● = Kettmasche
- ○ = Luftmasche
- + = feste Masche
- Stäbchen-Zeichen = Stäbchen
- Zeichen „2 Stäbchen und 1 Luftmasche“ = 2 Stäbchen und 1 Luftmasche um die Luftmasche der Vorreihe häkeln
- Zeichen „2 Stäbchen in eine Masche“ = 2 Stäbchen in eine Masche

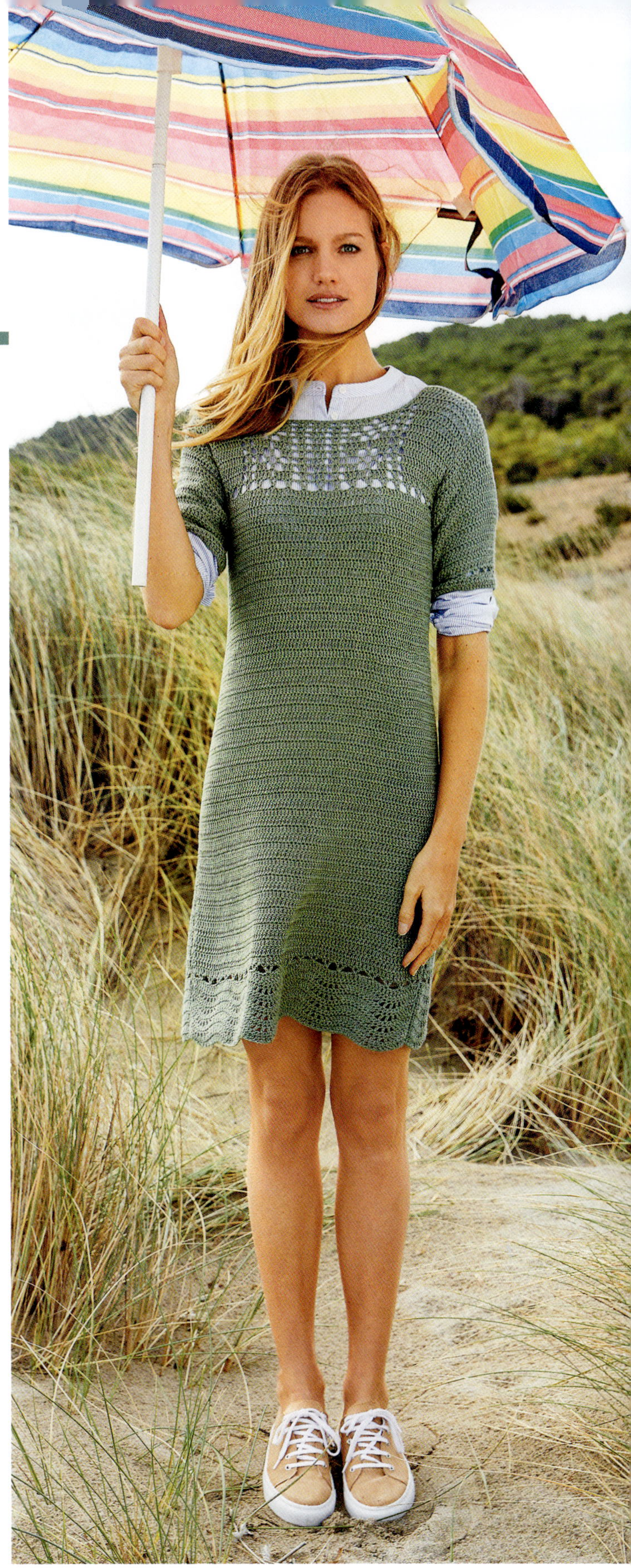

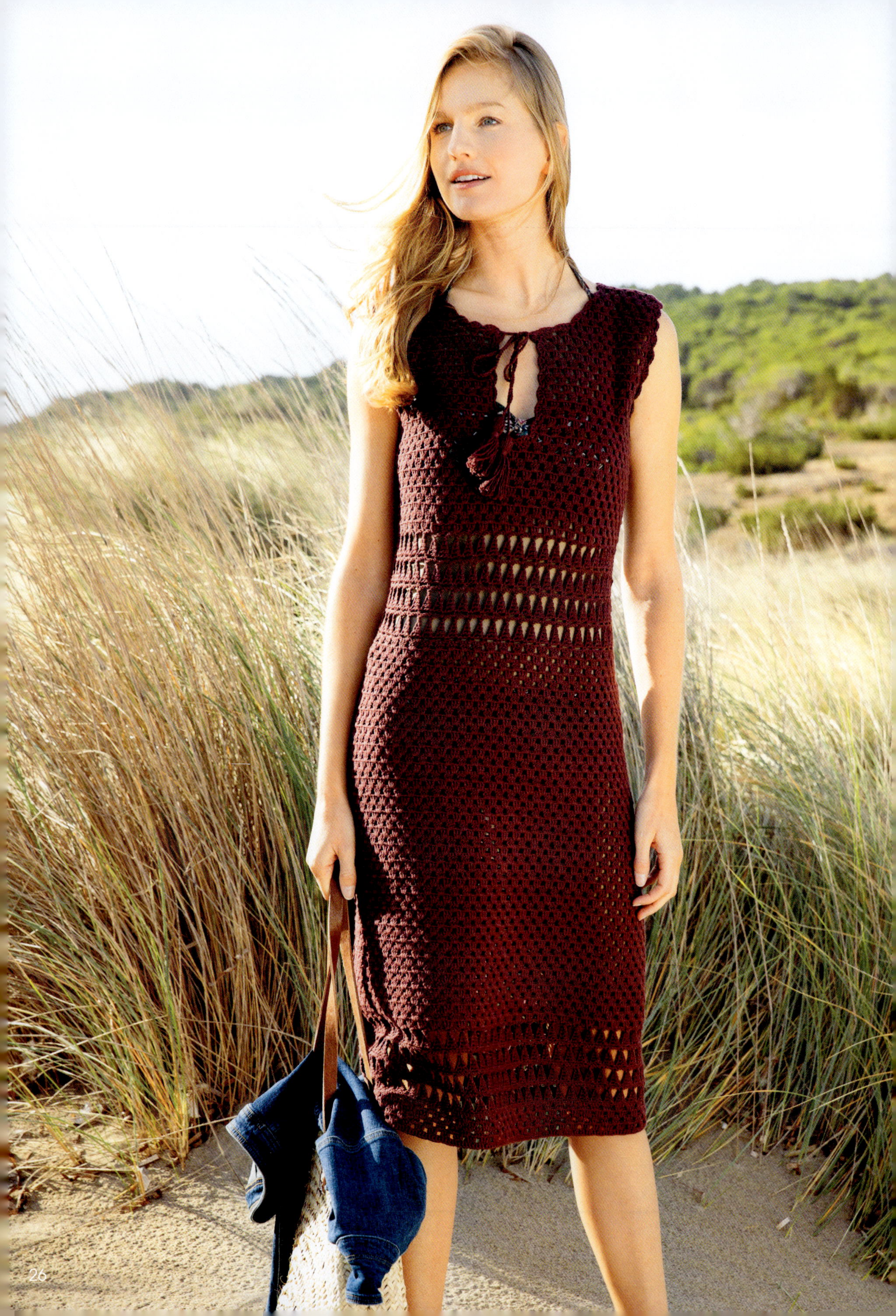

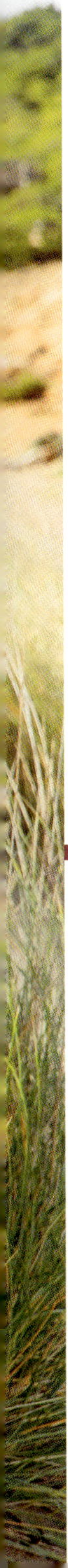

Fulminantes *Comeback*

Für Woodstock-Festivals sind wir schon zu erwachsen, aber ein bisschen Hippie im Urlaub darf schon sein: Granny-Muster und die leichte A-Linie sorgen für Nostalgie-Feeling.

Fulminantes Comeback

Kleid im Granny-Muster

GRÖSSE
36-38

MATERIAL
Lana Grossa **Elastico** (96 % Baumwolle, 4 % Polyester (Elité), Lauflänge ca. 160 m/50 g)
550 g Marone **(Fb 152)**
Häkelnadel Nr. 3,5

MASCHENPROBE
Mit Nadel Nr. 3,5 in Granny-Reihen gehäkelt, ergeben 23,5 M und 10,5 R 10 cm x 10 cm.

MUSTER
Hinweis zu allen Mustern
3 Wende-Lm ersetzen das 1. Stb. 1 Wende-Lm ersetzt die 1. fM.

Granny-Reihen
Maschenzahl teilbar durch 4 + 1 M. Die 1.–4. R 1 x arbeiten, dann die 2.–3. R stets wiederholen.

Dreiecke
Maschenzahl teilbar durch 4 + 1 M. Die 1.–8. R 1 x wiederholen.

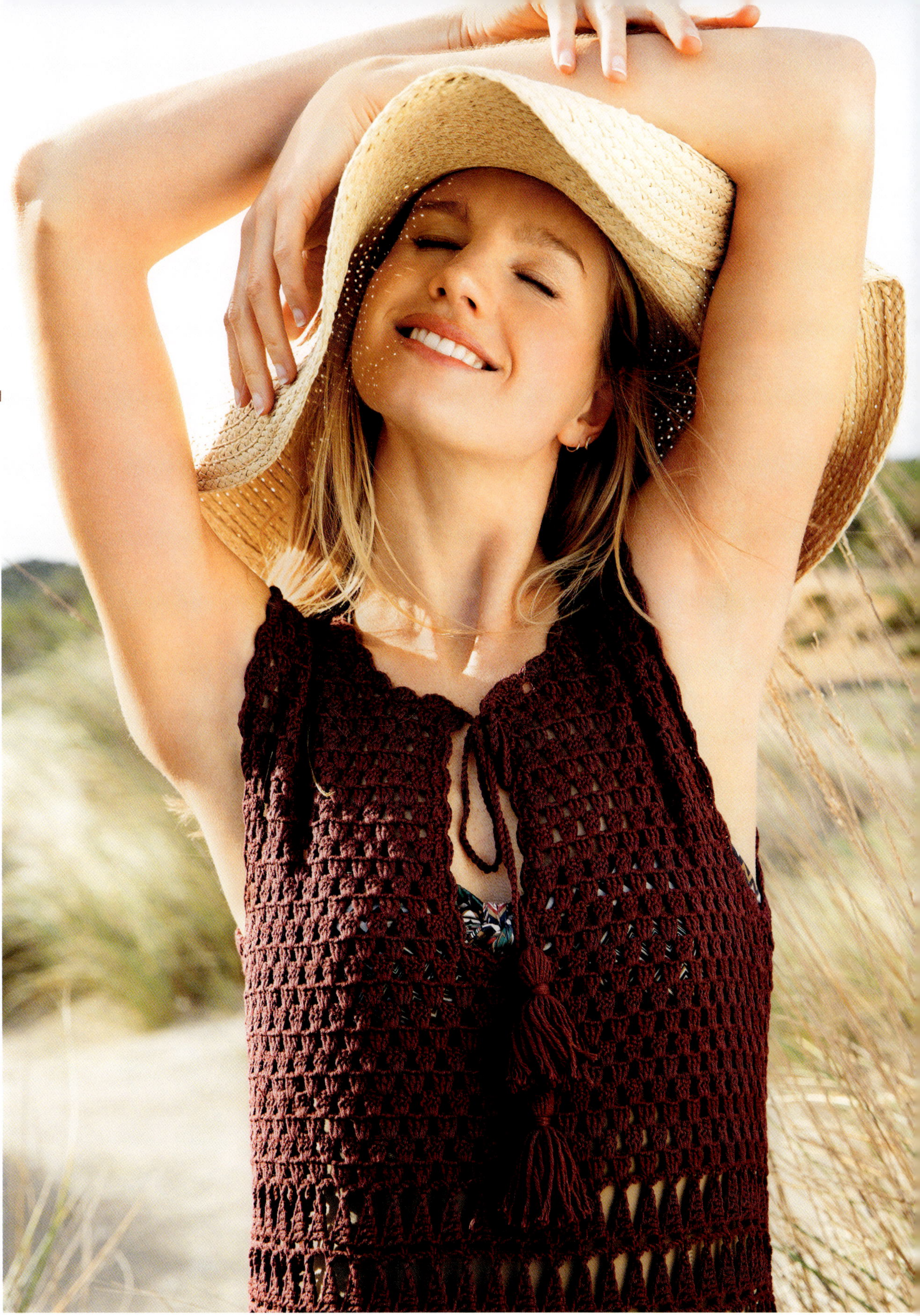

Granny-Reihen

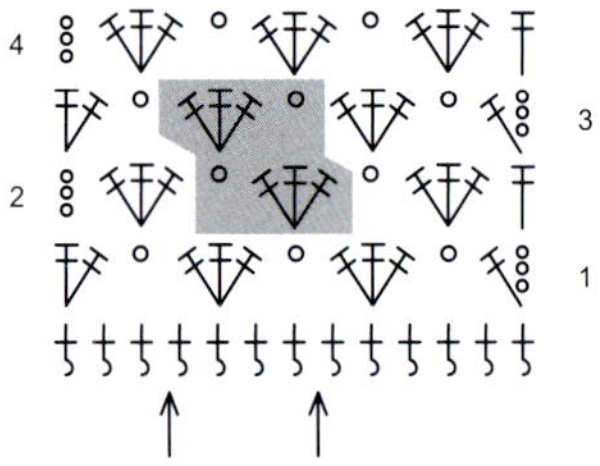

Zeichenerklärung:

- ∘ = Luftmasche
- • = Kettmasche
- + = feste Masche
- = feste Masche mit Fußschlinge
- = Halbstäbchen
- = Stäbchen
- = Doppelstäbchen
- = 3-fach-Stäbchen
- = 3 Stäbchen in eine Masche

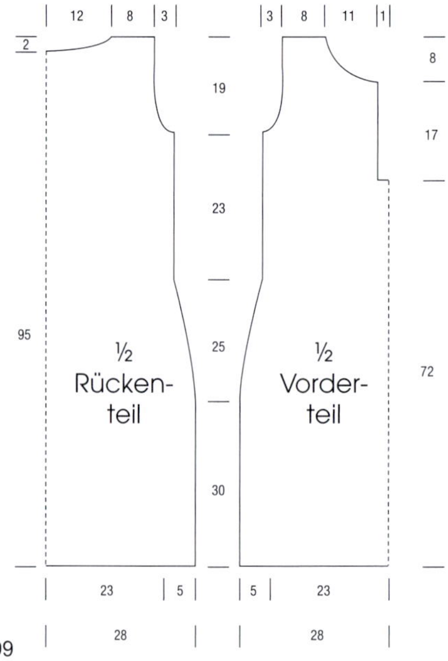

Ausschnittabnahmen hinten

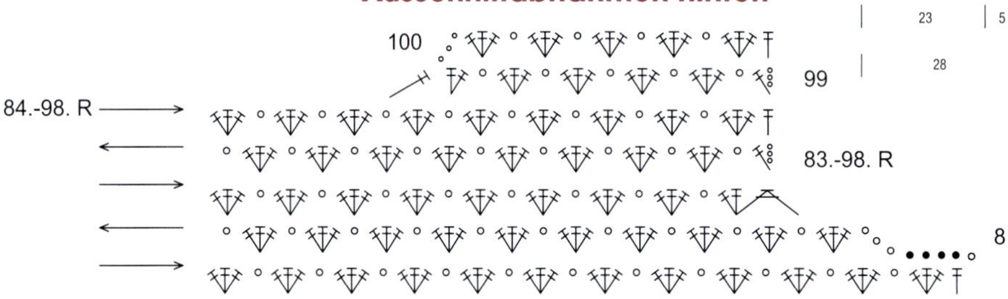

ANLEITUNG

Hinweis für Geübte: Wer den Maschenanschlag als sogenannten „Fußschlingenanschlag" beherrscht, sollte diesen verwenden. Man häkelt in einem Arbeitsgang Lm und die 1. fM-Reihe, die zusammen bereits die 1. R der Häkelschrift bilden. Die Anschlagsart ist dehnbarer als der herkömmliche Lm-Anschlag.

RÜCKENTEIL

Start-R: 130 Lm anschlagen und die 1. fM in die 2. Lm ab Nadel arbeiten. Je 1 fM in jede Lm häkeln (= 129 M).

1.–4. R: Weiter nach Häkelschrift „Granny-Reihen" arbeiten und 1 x die 1.–4. R häkeln.

5.–12. R: Danach für die Bordüre 1 x die 1.–8. R nach Häkelschrift „Dreieckmuster" arbeiten.

13.–34. R: Über 22 R im Granny-Muster häkeln.

35.–58. R: Weiter im Granny-Muster arbeiten und dabei die Abnahmen für den Hüftbogen häkeln. Hierzu 12 x in jeder 2. R beidseitig 1 M abnehmen, indem 2 M zusammengehäkelt werden.

59–60. R: Granny-Muster.

61.–68. R: Dreiecksmuster. Diese 8 R entsprechen der 1.–8. R in der Häkelschrift.

69.–80. R: Granny-Muster.

81.–82. R: Die Armausschnitte laut Häkelschrift „Ausschnittabnahmen hinten" arbeiten. Hierzu am Anfang der R M mit Km überhäkeln, die zweite Seite wird in der 82. R gegengleich gearbeitet.

83.–100. R: Halsausschnitt und Schultern im Granny-Muster nach Häkelschrift „Ausschnittabnahmen hinten" arbeiten. Die Arbeit danach beenden.

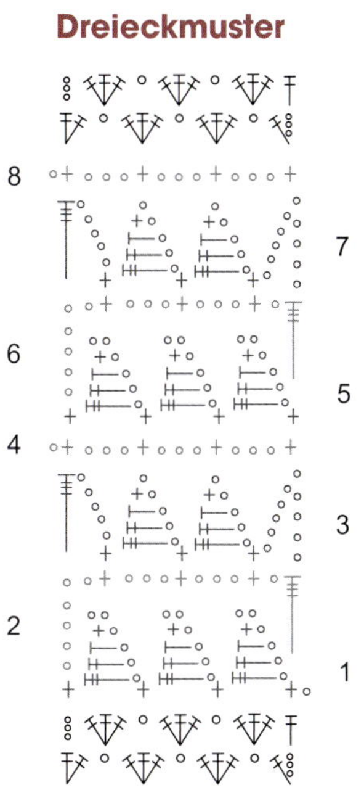

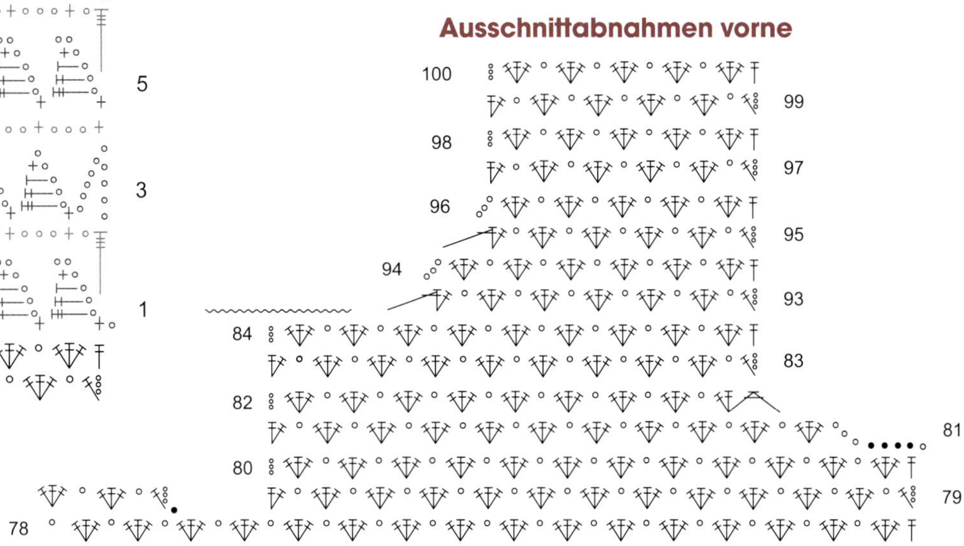

VORDERTEIL

Das Vorderteil bis zur 78. R wie das Rückenteil häkeln. Dann zunächst die linke Seite nach Häkelschrift arbeiten und die rechte Seite später gegengleich beenden.

79. R: Die mittleren 2 Stb-Gruppen für den Schlitz unbearbeitet lassen und die rechte und linke Seite getrennt beenden. Hierzu nach Häkelschrift „Ausschnittabnahmen vorne" arbeiten.

80. R: Im Granny-Muster häkeln.

81.–82. R: Die Armausschnitte laut Häkelschrift „Ausschnittabnahmen vorne" arbeiten. Hierzu am Anfang der R M mit Km überhäkeln, die zweite Seite wird in der 82. R gegengleich gearbeitet.

83.–92. R: Granny-Muster häkeln.

93.–100. R: Halsausschnitt und Schulter im Granny-Muster nach Häkelschrift „Ausschnittabnahmen vorne" arbeiten. Die Arbeit danach beenden.

ZU GUTER LETZT

Schulter- und Seitennähte schließen. Armausschnitte und Halsausschnitt mit 1 Rd Muschelmuster umhäkeln. 1 Muschel entspricht 7 Stb in eine Einstichstelle. Pro 2 R Granny-Muster 1 Muschel häkeln. Dabei in jede Ecke des Schlitzes 1 Muschel arbeiten. 2 Quasten von ca. 10 cm Länge anfertigen. Den Faden jeweils oben an der Quaste anschlingen und eine etwa 10 cm lange Lm-Kette anhäkeln. Quaste auf ca. 8 cm begradigen und je eine Quastenkette an einer Ausschnittecke annähen.

Alle Fäden vernähen. Das Kleid dämpfen und in Form ziehen.

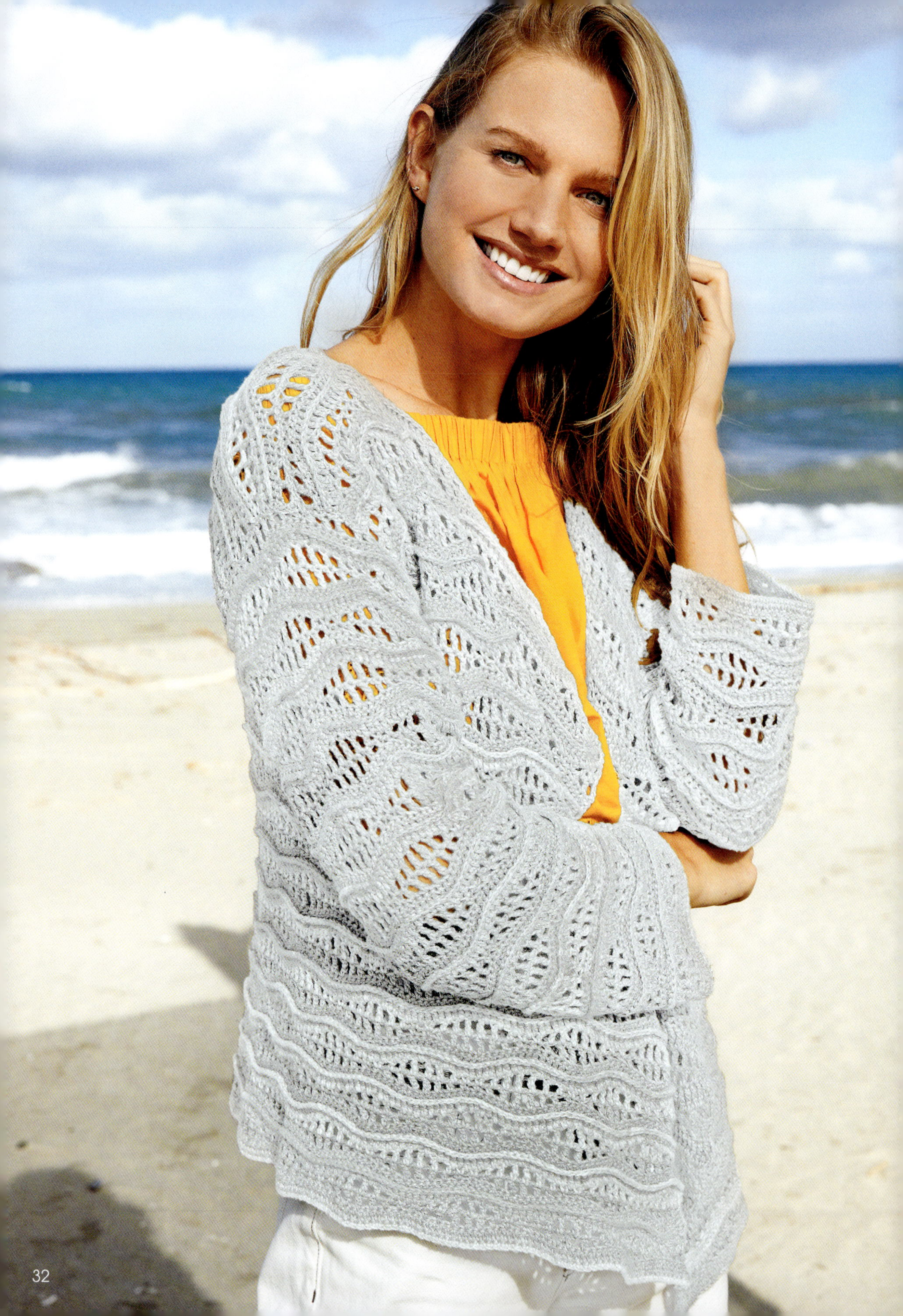

Treuer Freund

Wir lieben diese unkomplizierte Zipfeljacke. Vorder- und Rückenteil sind ein Rechteck mit Schlitzen für die Ärmel. So einfach geht Sommer. Und falls Sie zu schnell fertig sind: die Linarte gibt es in so vielen schönen Farben, die man eigentlich alle gern im Kleiderschrank hätte.

Treuer Freund

Verschlusslose Zipfeljacke

GRÖSSE

36–38, 42–44

Die Angaben für Größe 36–38 stehen vor der Klammer, die für Größe 42–44 in den Klammern. Bei nur einer Angabe gilt diese für beide Größen. Die mittlere Größe ist aufgrund der Rapportaufteilung nicht möglich.

MATERIAL

Lana Grossa **Linarte** (40 % Viskose, 30 % Baumwolle, 20 % Leinen, 10 % Polyamid, Lauflänge ca. 125 m/50 g)

800 (900) g in Silbergrau **(Fb 60)**

Häkelnadeln Nr. 3,0 und 3,5

MASCHENPROBE

Mit Nadel Nr. 3,5 im Wellenmuster gehäkelt, ergeben 1 Mustersatz ca. 8 cm in der Breite und 12 R ca. 10 cm in der Höhe.

MUSTER

Wellenmuster

Maschenzahl teilbar durch 16 + 1 M. 3 Wende-Lm ersetzen das 1. Stb. 1 Wende-Lm ersetzt die 1. fM. Die 3.–10. R wiederholen.

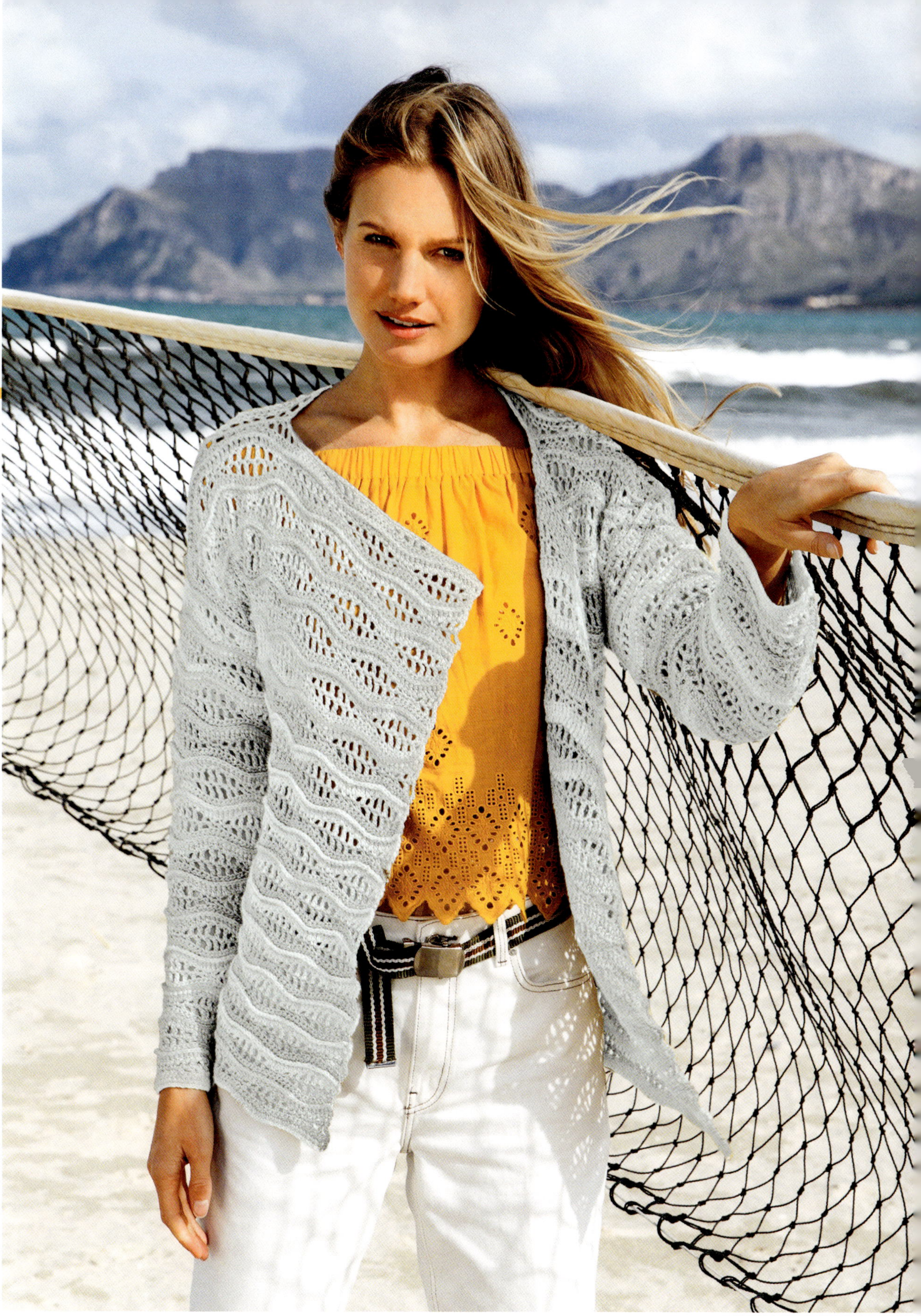

Wellenmuster

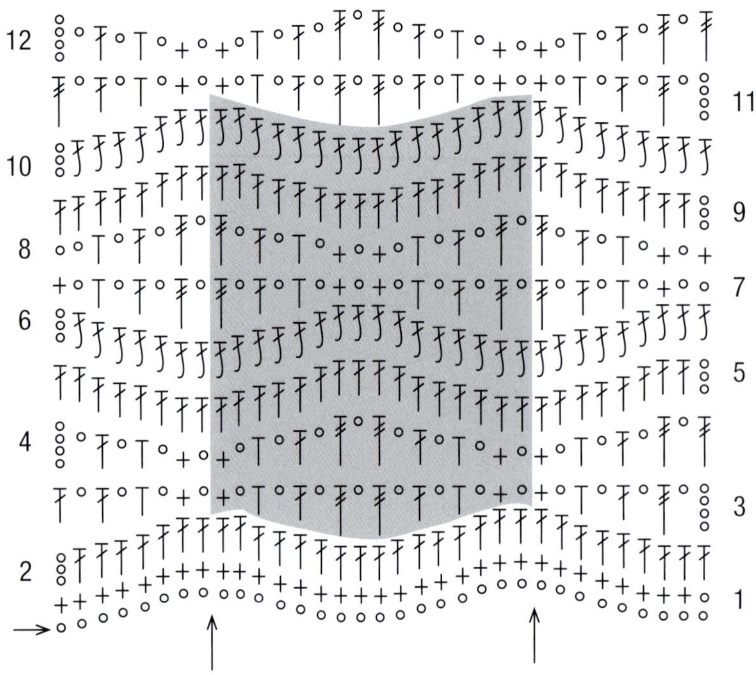

Zeichenerklärung:

- o = Luftmasche
- + = feste Masche
- T = Halbstäbchen
- = Stäbchen
- = Doppelstäbchen
- = vorderes Reliefstäbchen

ANLEITUNG

Die Jacke wird bis zu den Armausschnitten ohne Seitennaht gehäkelt.

START

257 (305) Lm mit Nadel Nr. 3,0 anschlagen und ab der 1. R zu Nadel Nr. 3,5 wechseln. Nach Häkelschrift 1 x die 1.–2. R arbeiten, danach 6 x die 3.–10. R wiederholen. Im Anschluss noch 1 x die 3.–5. R häkeln. Insgesamt 45 R arbeiten. In der 46. R die Arbeit in das Rückenteil und die zwei Vorderteile teilen und alle drei Teile getrennt beenden.

LINKES VORDERTEIL

Ab folgender Rück-R (= 6. R des Rapports) zunächst das linke Vorderteil beenden und über 80 (96) M weiter im Musterverlauf häkeln, dabei die letzte M verdoppeln =81 (97) M. 22 R häkeln, danach das linke Vorderteil beenden.

RÜCKENTEIL

Den Faden für das Rückenteil ebenfalls über der 45. R anschlingen und wie beim Vorderteil in der 46. R wieder mustergemäß einsetzen. Über 96 (112) M häkeln, die 96. (112.) M verdoppeln = 97 (113) M. 22 R häkeln und das Rückenteil nach insgesamt 67 R beenden.

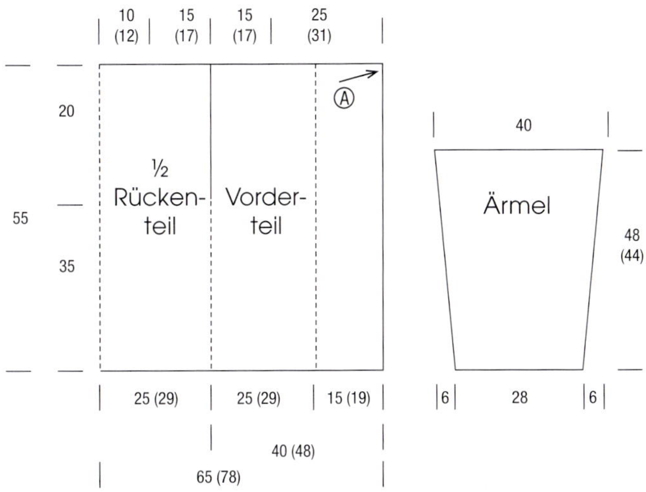

RECHTES VORDERTEIL

Den Faden wie beim Rückenteil anschlingen, die 1. M verdoppeln und über 81 (97) M mustergemäß häkeln. Das rechte Vorderteil nach insgesamt 67 R beenden.

ÄRMEL

65 Lm mit Nadel Nr. 3,0 anschlagen und ab der 1. R zu Nadel Nr. 3,5 wechseln. Nach Häkelschrift im Wellenmuster arbeiten, dabei für die Ärmelschrägung beidseitig 8 x 1 M zunehmen (= 81 M). Die 1. Zunahme erfolgt in der 6. R. Weiter noch 7 x in jeder 4. R zunehmen. Die Zunahmen erfolgen also stets in den 6. und 10. R der Häkelschrift. Die zugenommenen M mustergemäß häkeln und so das Muster rechts und links erweitern. 1 x die 1.–2. R arbeiten, danach 6 x die 3.–10. R wiederholen und noch 1 x die 3.–7. R (nur 6 x die 3.–10. R) häkeln. Nach 55 (50) R die Arbeit beenden.

ZU GUTER LETZT

Die Schulternähte über 15 (17) cm schließen. Die Ausschnittkante von der Vorderteilecke A fortlaufend über den hinteren Halsausschnitt bis zur zweiten Vorderteilecke mit Nadel Nr. 3,0 und 1 R fM behäkeln. Jeweils 1 fM in jede M und 1 fM um jeden Lm-Bogen häkeln.

Die Ärmelnähte schließen und die Ärmel in die Armlöcher nähen.

Alle Fäden vernähen. Die Jacke leicht dämpfen und die Ärmelnähte etwas glatt bügeln.

Mustermix at its *best*

Immer wieder ein neues Muster und wechselnde Farben – eben ein typisches „Nur noch eine Reihe, dann höre ich auf"-Modell. Gut so, denn ganz nebenbei ist der Pulli auch schon fertig.

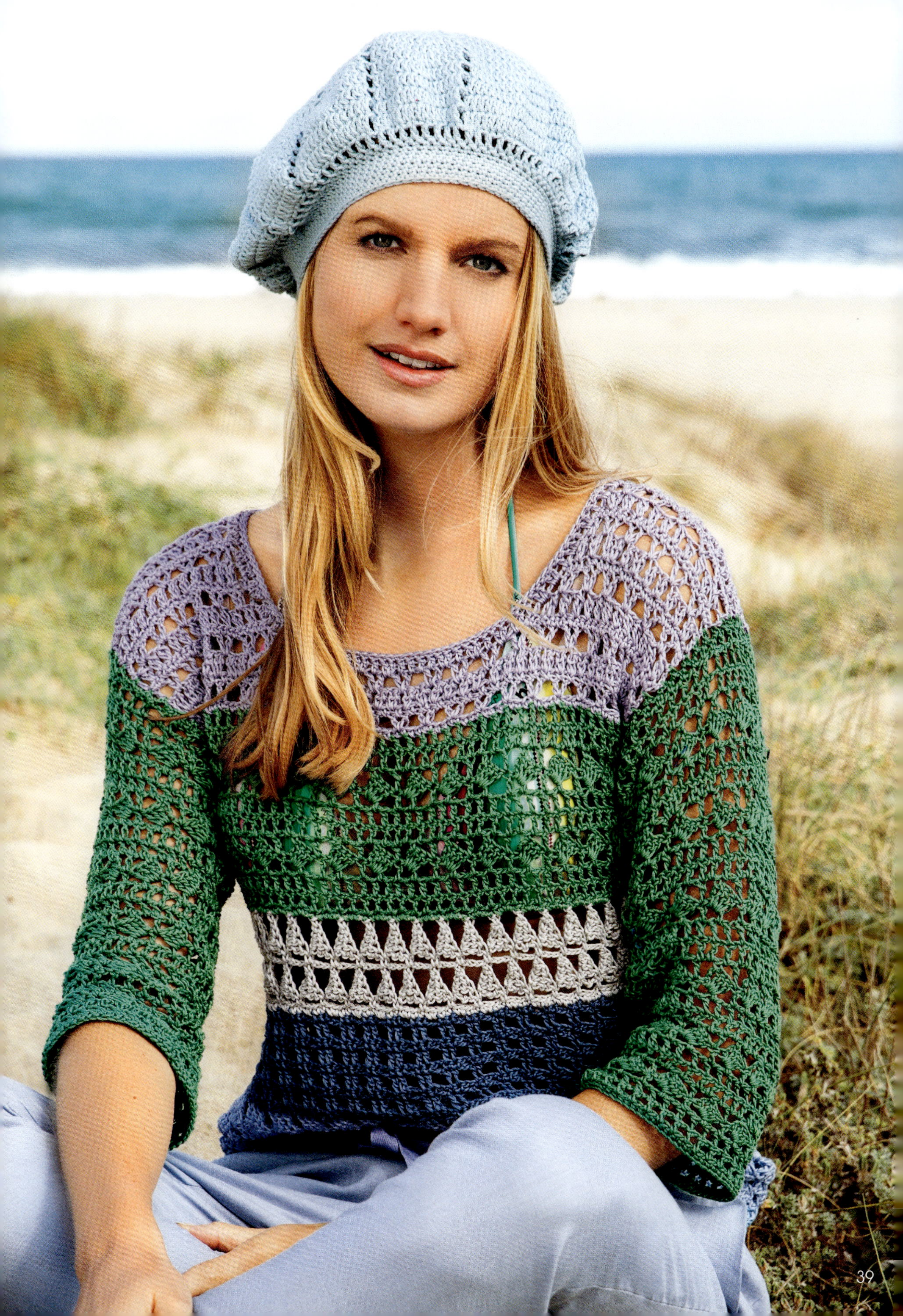

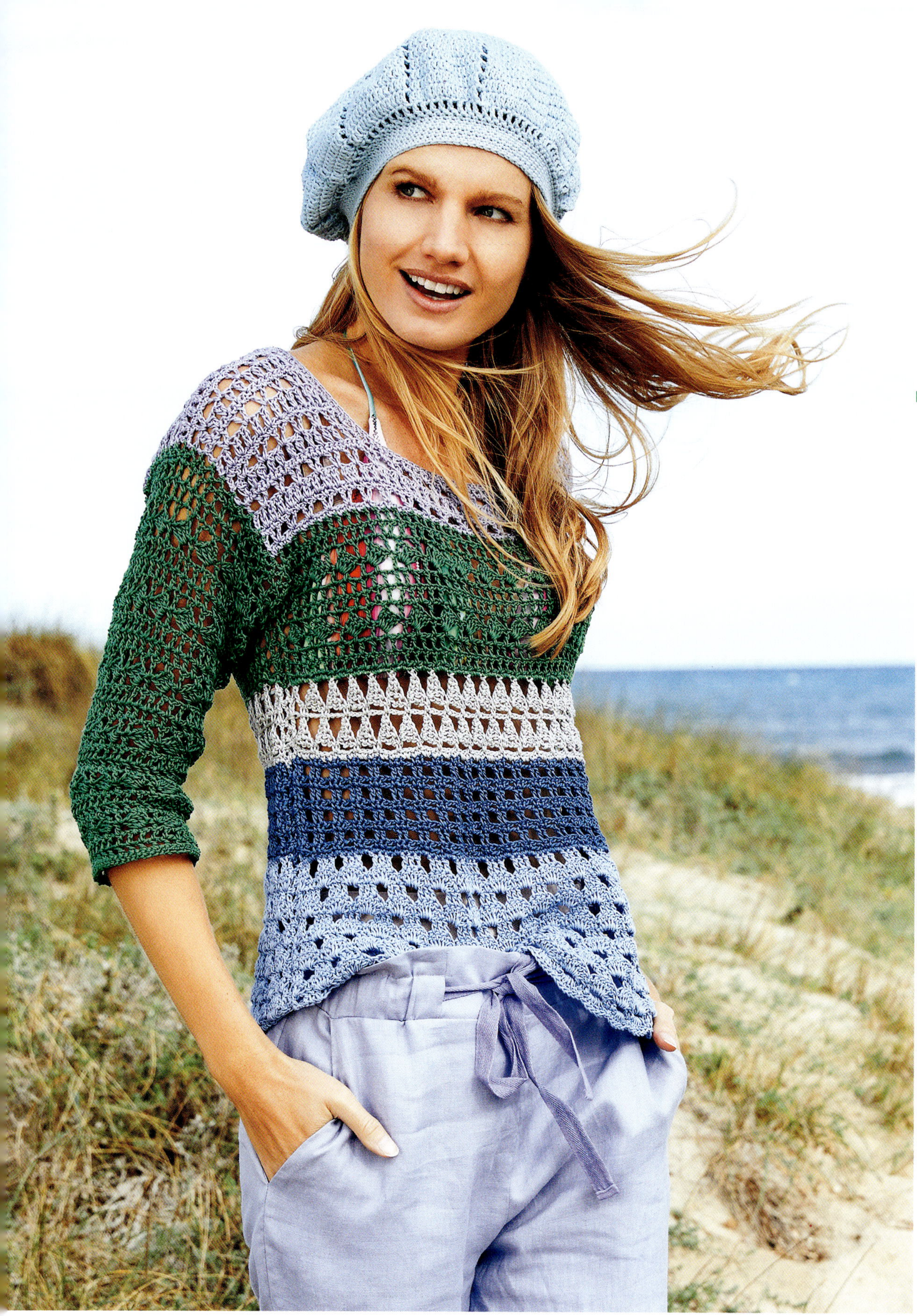

Mustermix at its *best*

Mustermix-Pulli mit Baskenmütze

PULLOVER

GRÖSSE

36–38, 40–42, 44–46
Die Angaben für Größe 36–38 stehen vor der Klammer, die für Größe 40–42 in den Klammern vor dem Gedankenstrich, die für Größe 44–46 in den Klammern nach dem Gedankenstrich. Bei nur einer Angabe gilt diese für alle Größen.

MATERIAL

Lana Grossa Soft Cotton (70% Baumwolle, 30% Microfaser, Lauflänge 140 m/50 g)
250 (250/300) g Grün **(Fb 24), je 100 (150/150) g** Hellblau **(Fb 8), 100 g** Flieder **(Fb 22), 50 (50/100) g** Jeans **(Fb 25)** und **50 g** Hellgrau **(Fb 18)**
Häkelnadel Nr. 3,5

MASCHENPROBE

Mit Nadel Nr. 3,5 im Fensterkaro gehäkelt, ergeben 20 M und 12 R 10 cm x 10 cm.

MUSTER

Hinweis zu allen Mustern
3 Wende-Lm ersetzen das 1. Stb. 1 Wende-Lm ersetzt die 1. fM.

Muschelmuster
Maschenzahl teilbar durch 5 + 1 M. Die 2.–5. R wiederholen.

Fensterkaro
Maschenzahl teilbar durch 4 + 2 M. Die 15.–16. R wiederholen.

Dreiecke
Maschenzahl teilbar durch 4 + 1 M. Die 25.–28. R wiederholen.

Quadrate
Maschenzahl teilbar durch 6 + 1 M. Die 32.–35. R wiederholen.

Büschelmaschen-Mix
Maschenzahl teilbar durch 4 + 1 M. Die 43.–48. R wiederholen.

Zunahme von 1 M
In 1 M werden 2 M gearbeitet.

Muschelmuster

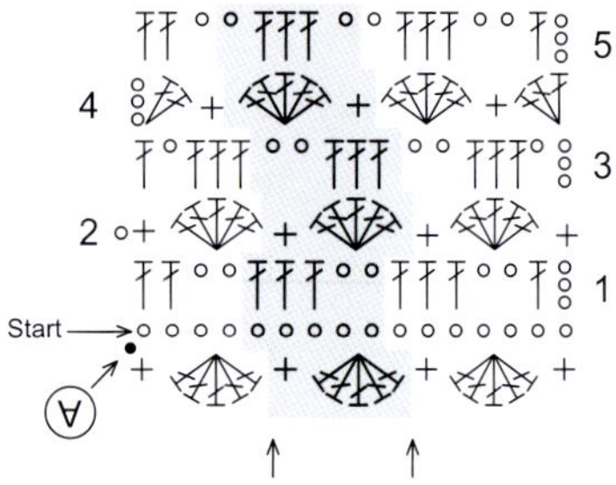

Fensterkaro

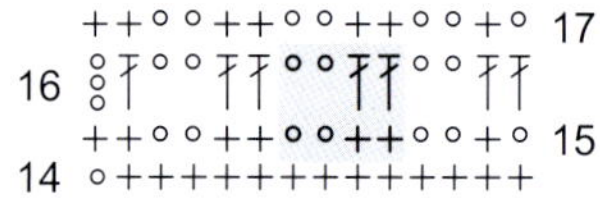

Dreiecke

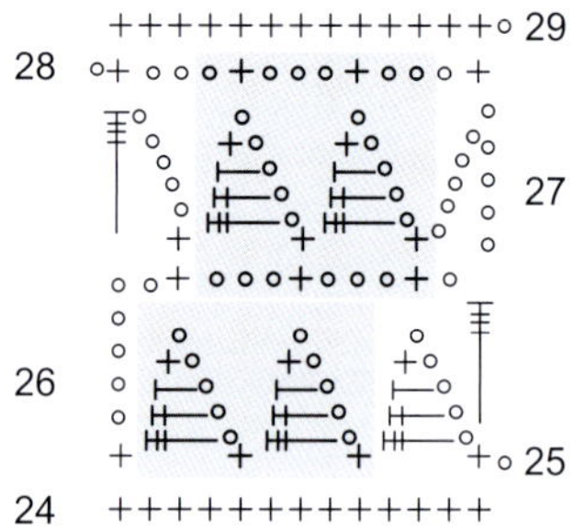

Quadrate

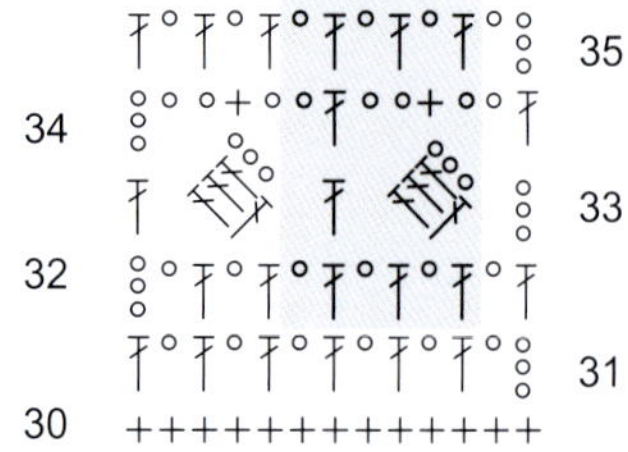

Büschelmaschen-Mix

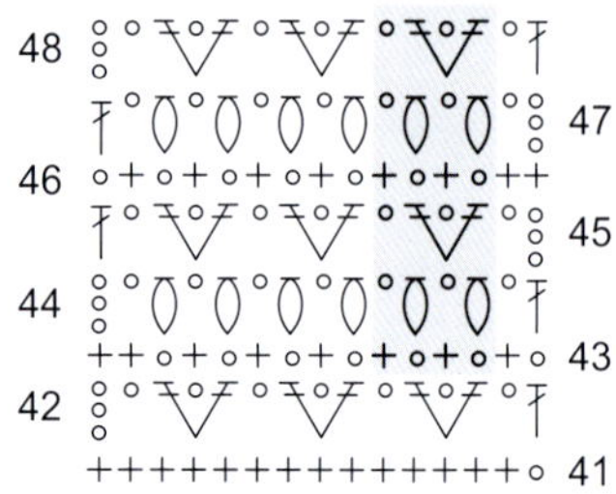

Zeichenerklärung:

○ = Luftmasche

\+ = feste Masche

 = Halbstäbchen

 = Stäbchen

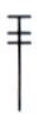 = Doppelstäbchen

 = Büschelmasche aus 2 Stäbchen

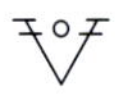 = 2 Stäbchen und 1 Luftmasche in eine Einstichstelle

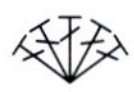 = 5 Stäbchen in eine Einstichstelle

Abnahme von 1 M

Es werden 2 M zusammen abgemascht.

ANLEITUNG

RÜCKENTEIL

Mit Hellblau 91 (101/111) Lm + 3 Wende-Lm anschlagen und das 1. Stb in die 5. Lm ab Nadel arbeiten.

Muschelmuster: Nach Häkelschrift „Muschelmuster" über 91 (101/111) M arbeiten und 1 x die 1. R und 3 x die 2.–5. R häkeln. Das Muschelmuster beenden. Den Faden abschneiden, die Arbeit um 180 Grad drehen und an Punkt A der Häkelschrift wieder anschlingen. 1 Muschel-Reihe als Abschluss häkeln.

Fensterkaro: Das Rückenteil wieder um 180 Grad drehen und an der ursprünglichen Stelle nach der 13. R erneut ansetzen. Mit Jeans nach Häkelschrift „Kleines Fensterkaro" über 94 (102/110) M häkeln, dafür in der 1. R gleichmäßig verteilt 3 M zunehmen (1 M zunehmen/1 M abnehmen). Der Vorgang ist nötig, um die richtige Maschenzahl für das Fensterkaro zu erlangen. Die Häkelschrift beginnt mit 1 Rück-R fM = 14. R. 4 x die 15.–16. R häkeln und als Abschluss 1 x die 17. R. Das Fensterkaro nach der insgesamt 23. R ab Maschenanschlag beenden.

Dreiecke: Wechseln zu dem Faden in Hellgrau und nach Häkelschrift „Dreiecke" über 93 M (101/109) M häkeln. Die Häkelschrift beginnt mit einer Rück-R fM = 24. R. In der 24. R an beliebiger Stelle 1 (1/1) M abnehmen. Danach 1 x die 25.–28. R arbeiten. Noch 1 Hin-R fM häkeln, dann das Muster nach der insgesamt 29. R ab Maschenanschlag beenden.

Quadrate: Wechseln zu dem Faden in Grün und nach Häkelschrift „Quadrate" über 91 (103/109) M häkeln. Die Häkelschrift beginnt mit 1 Rück-R fM = 30. R. In dieser R 2 M abnehmen (2 M zunehmen/keine Veränderung). Der Vorgang ist nötig, um die richtige Maschenzahl für das Quadratmuster zu erlangen. 1 x die 31. R, danach 2 x die 32.–35. R

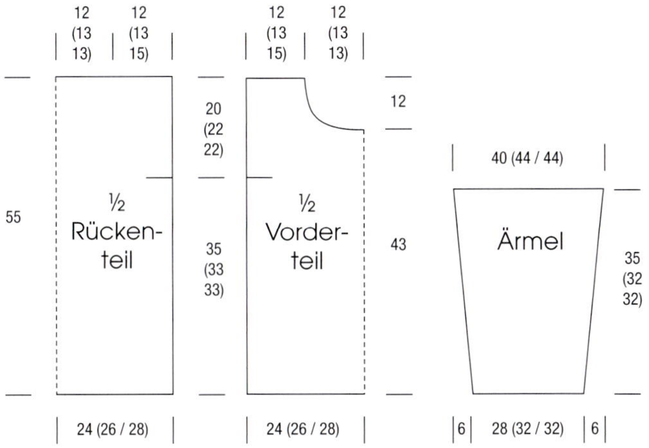

Ausschnitt Vorderteil

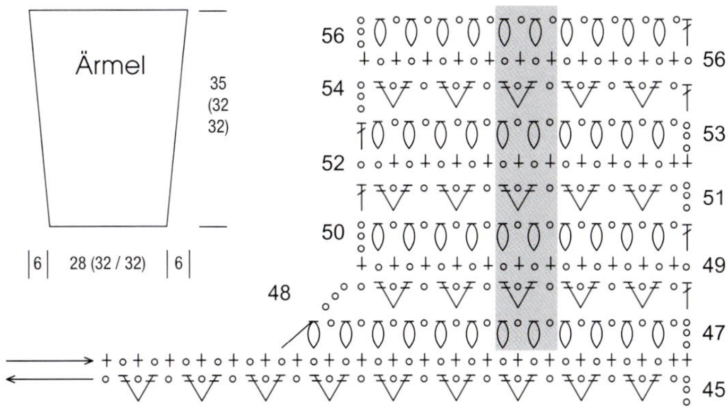

und noch 1 x die 32. R häkeln. Das Quadratmuster nach der insgesamt 40. R ab Maschenanschlag beenden.

Büschelmaschen-Mix: Weiter geht es nun mit Flieder. Nach Häkelschrift „Büschelmaschen-Mix" über 91 (101/109) M arbeiten. In der 41. R fM häkeln und für Größe 40–42 an beliebigen Stellen 2 x 1 M abnehmen. 1 x die 42. R arbeiten, danach 2 x die 43.–48. R häkeln und die Arbeit mit 1 x der 43.–46. R beenden. Nach der insgesamt 58. R ab Maschenanschlag das Rückenteil beenden.

VORDERTEIL

Das Vorderteil bis zur 46. R wie das Rückenteil häkeln. In der 47. R die mittleren 37 (39/39) M unbehäkelt lassen und beide Seiten getrennt beenden. Abnahmen nach Häkelschrift „Ausschnitt Vorderteil" arbeiten und ab der 49. R die Schulter über 22 (26/30) M beenden. Nach 58. R die erste Vorderteilhälfte beenden und die zweite Seite gegengleich arbeiten.

ÄRMEL

61 (67/67) Lm in Grün anschlagen und die 1. fM in die 2. M ab Nadel häkeln. In jede Lm 1 fM häkeln. Den Ärmel im Muster „Quadrate" arbeiten. Die 2. R entspricht der 30. R der Häkelschrift. 1 x die 30.–31. R, danach noch 6 x (5 x/5 x) die 32.–35. R häkeln. Die Ärmel mit 1 x der 32. R beenden. Insgesamt werden 28 (24/24) R ab Maschenanschlag gehäkelt. Für die Ärmelschrägung beidseitig in der 7., 12., 18. und 22. R 1 M zunehmen, indem die 1. und letzte M der R verdoppelt wird. Die zugenommenen M mustergemäß rechts und links einreihen. Danach die Arbeit beenden.

ZU GUTER LETZT

Schulter- und Seitennähte laut Skizze schließen. Die Ärmelnnähte schließen und die Ärmel in das Armloch nähen.

Den Ausschnitt mit 1 Rd Stb und 1 Rd fM in Flieder umhäkeln.

Alle Fäden vernähen.

Mustermix at its *best*

Baskenmütze

GRÖSSE
Für Kopfumfang 51–54 cm.

MATERIAL
Lana Grossa **Elastico** (96 % Baumwolle, 4 % Polyester (Elité), Lauflänge ca. 160 m/50 g)
100 g in Hellblau **(Fb 92) oder** Sonnengelb **(Fb 107)**
Häkelnadeln Nr. 3,5 und 3,0

MASCHENPROBE
Mit Nadel Nr. 3,5 in Stb gehäkelt, ergeben 20 M und 9,5 R 10 cm x 10 cm.

ANLEITUNG
Mit Nadel Nr. 3,5 in einen Magic-Ring beginnend mit 3 Steige-Lm 11 Stb häkeln. Die Rd mit 1 Km in die oberste Steige-Lm schließen. Die Steige-Lm werden bei den folgenden Angaben immer als 1 Stb gezählt. Alle Rd mit 3 Steige-Lm beginnen und mit 1 Km in die oberste Steige-Lm schließen.

1. Rd: 12 x * 1 Stb, 2 Lm *.
2. Rd: 12 x * 1 Stb verdoppeln, indem 2 x in die M gestochen wird, 2 Lm *. 3. Rd: 12 x * 1 Stb, 1 Stb verdoppeln, 2 Lm *.
4. Rd: 12 x * 1 Stb, 1 Stb verdoppeln, 1 Stb, 2 Lm *.
5.Rd: 12 x * 1 Stb, 1 Stb verdoppeln, 2 Stb, 2 Lm *.
6. Rd: 12 x * 2 Stb, 1 Stb verdoppeln, 2 Stb, 2 Lm *.
7. Rd: 12 x * 2 Stb, 1 Stb verdoppeln, 3 Stb, 2 Lm *.
8. Rd: 12 x * 3 Stb, 1 Stb verdoppeln, 3 Stb, 2 Lm *.
9. Rd: 12 x * 3 Stb, 1 Stb verdoppeln, 4 Stb, 2 Lm *.
10. Rd: 12 x * 4 Stb, 1 Stb verdoppeln, 4 Stb, 2 Lm *.
11. Rd: 12 x * 4 Stb, 1 Stb verdoppeln, 5 Stb, 2 Lm *.
12. Rd: 12 x * 5 Stb, 1 Stb verdoppeln, 5 Stb, 2 Lm *.
13. Rd: 12 x * 5 Stb, 1 Stb verdoppeln, 6 Stb, 2 Lm *.
14. Rd: 12 x * 6 Stb, 1 Stb verdoppeln, 6 Stb, 2 Lm *.
15. Rd: 12 x * 6 Stb, 1 Stb verdoppeln, 7 Stb, 2 Lm *.

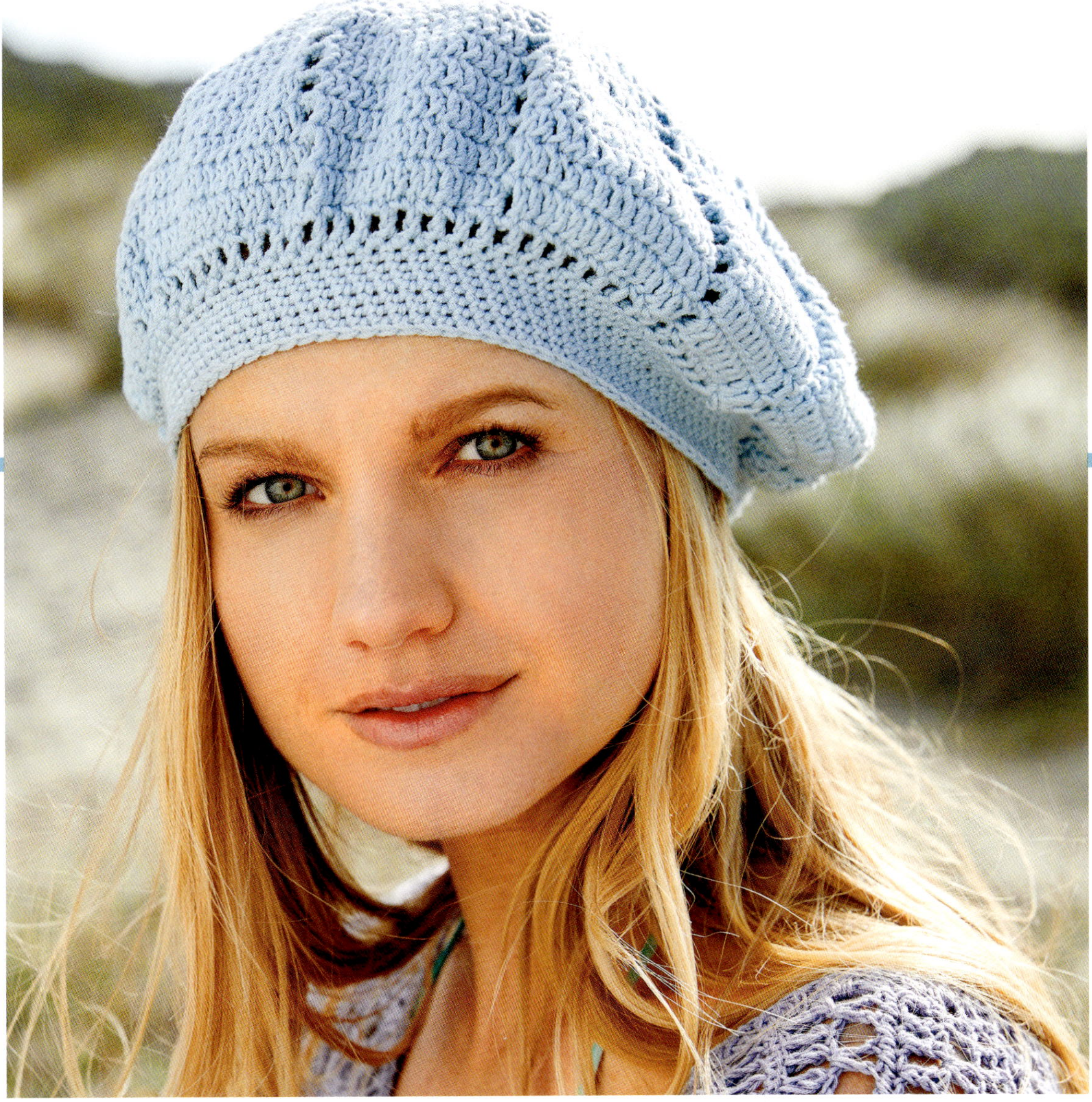

<u>16.–18. Rd:</u> 12 x * 15 Stb, 2 Lm *.
<u>19. Rd:</u> 12 x * (1 Stb, 1 M mit 1 Lm übergehen) 7 x wdh, 1 Stb, Lm-Streifen mit 1 Lm übergehen * (= 8 Stb und 8 Lm pro Segment = 12 x 16 M = 192 M).
<u>20. Rd:</u> Wechseln zu Nadel Nr. 3,0 und in jedes Stb 1 fM häkeln (= 96 M).
<u>21.–27. Rd:</u> FM in Spiral-Rd häkeln, dabei die Rd nicht schließen.
Die letzte Rd mit 2 Km schließen. Den Faden abschneiden und die Arbeit beenden.

ZU GUTER LETZT

Alle Fäden vernähen.

Am besten passt eine Baskenmütze natürlich an die Strände von Biarritz. Wenn das mit den Urlaubsplänen nicht kompatibel ist, geht das Savoir Vivre aber auch anderswo.

Vitamin See

Raffiniert! Und dabei doch so fix gehäkelt, dass es durch die ausführlichen Häkelschriften auch Anfängern gelingt. Denn mehr als Stäbchen und feste Maschen braucht man nicht zu können.

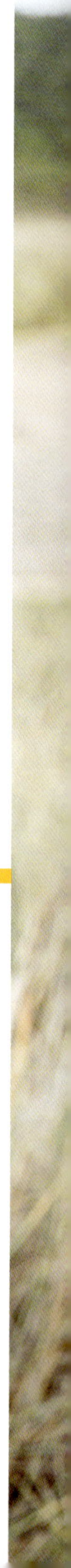

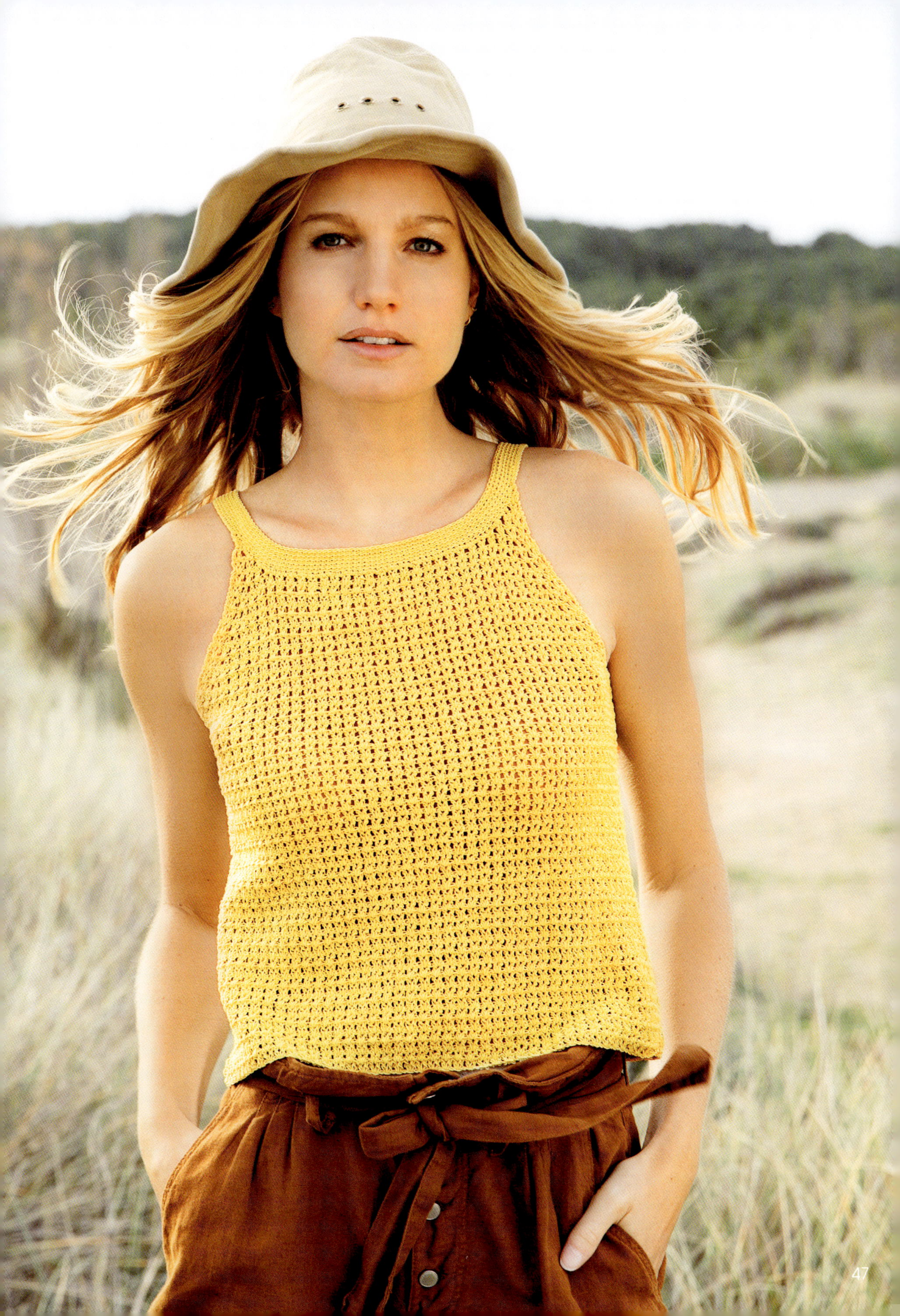

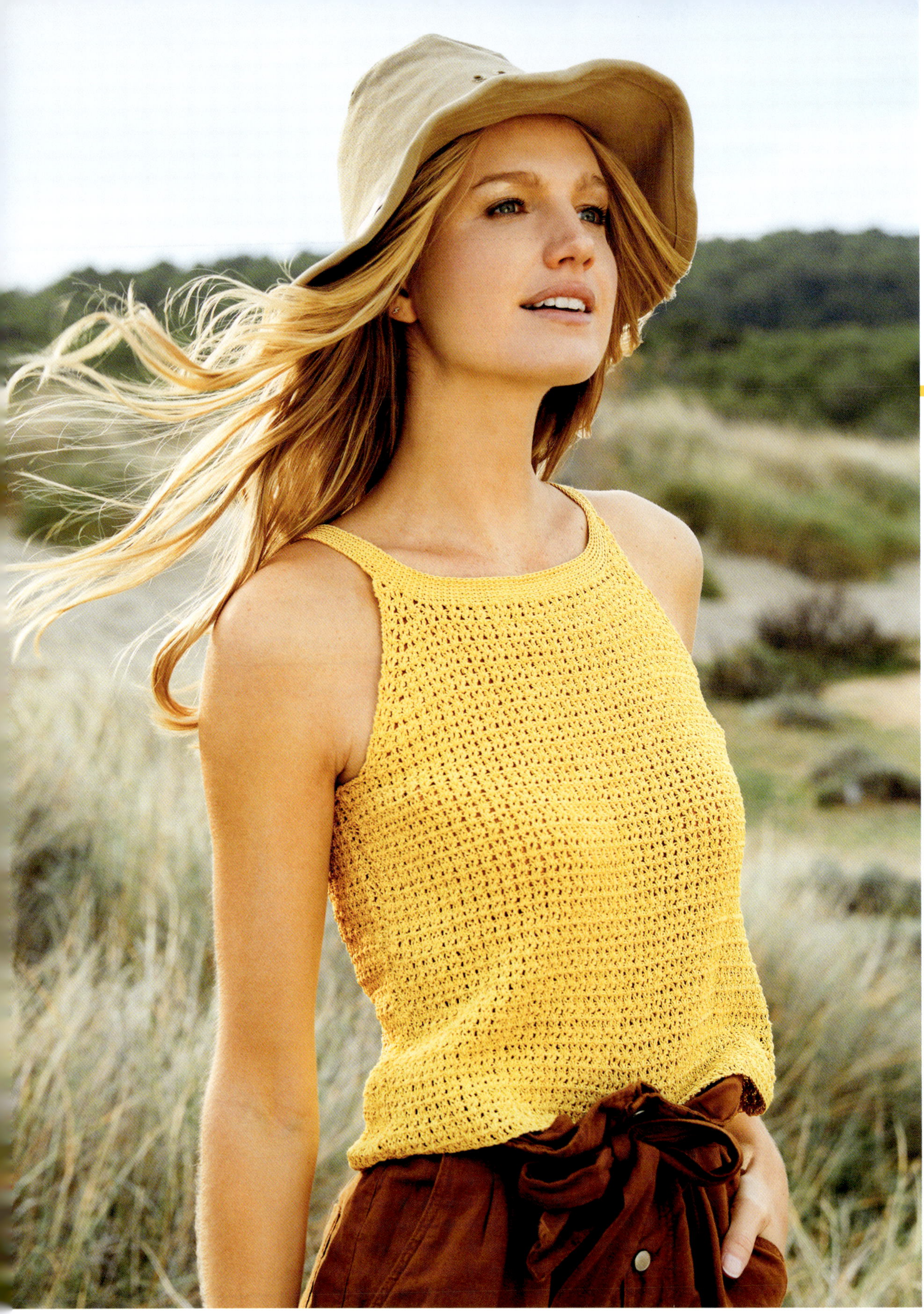

Vitamin See

Top mit Rundhalsträgern

GRÖSSE

34–36, 38–40, 42–44

Die Angaben für Größe 34–36 stehen vor der Klammer, die für Größe 38–40 in den Klammern vor dem Schrägstrich, die für Größe 42–44 in den Klammern nach dem Schrägstrich. Bei nur einer Angabe gilt diese für alle Größen.

MATERIAL

Lana Grossa **Capri** (15% Seide, 55% Baumwolle, 30% Polyamid, Lauflänge 150 m/50 g)
250 (300 / 350) g in Gelb **(Fb 17)**
Häkelnadeln Nr. 3,0 und 3,5

MASCHENPROBE

Mit Nadel Nr. 3,5 im V-Muster gehäkelt, ergeben 21 M und 13 R 10 cm x 10 cm.

MUSTER

V-Muster

Siehe Häkelschrift. Maschenzahl teilbar durch 2 + 1 M. 3 Wende-Lm ersetzen das 1. Stb. Die 3. und 4. R stets wiederholen.

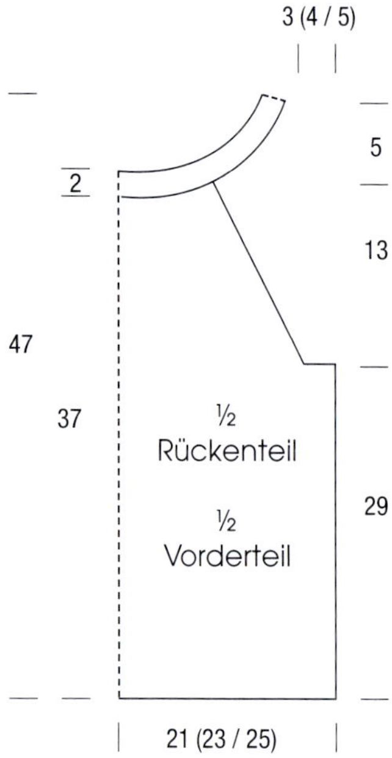

V-Muster

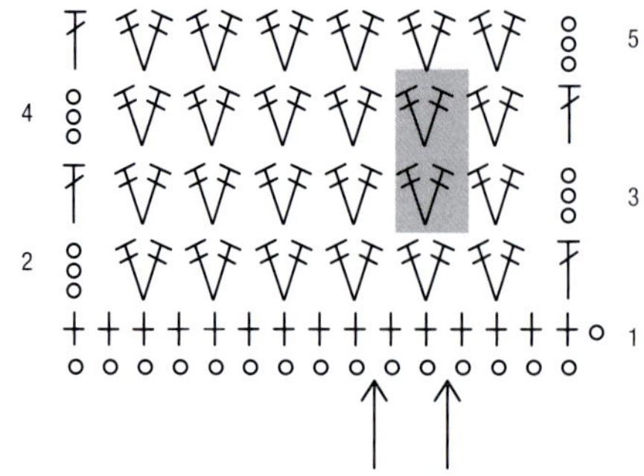

Zeichenerklärung:

° = Luftmasche

+ = feste Masche

= 2 Stäbchen zwischen 2 Stäbchen der Vorreihe

= Stäbchen

= Doppelstäbchen

ANLEITUNG

RÜCKENTEIL

91 (101/111) M + 1 Wende-Lm mit Nadel Nr. 3,5 anschlagen. In die 2. Lm ab Nadel die 1. fM häkeln und in jede weitere Lm 1 fM = 91 (101/111) M arbeiten.

Weiter nach Häkelschrift 1 x die 2. R und 18 x die 3.–4. R häkeln = 38 R.

Für das Armloch in der 39. R beidseitig 6 (8/10) M unbearbeitet lassen = 79 (85/91) M. In der 40. R und noch 5 x in allen weiteren Rück-R beidseitig 2 M laut Häkelschrift „V-Muster Abnahmen" abnehmen. Das Rückenteil besteht nach der 50. R aus 55 (61/67) M.

In der 51.–53. R den Trägeransatz nach Häkelschrift „V-Muster Abnahmen" arbeiten. Den Faden abschneiden und am Ende der R wieder anschlingen. Den zweiten Trägeransatz gegengleich häkeln. Arbeit beenden.

VORDERTEIL

Wie das Rückenteil häkeln.

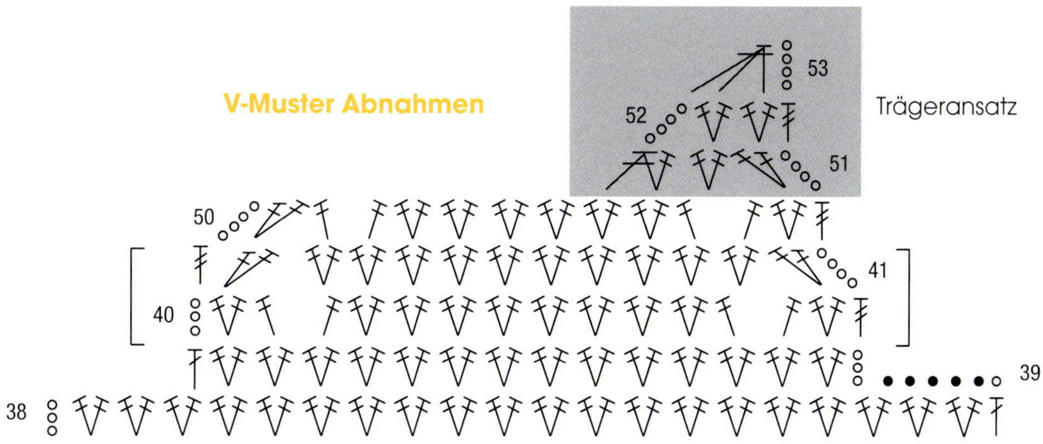

BLENDE

Mit Nadel Nr. 3,0 den Faden an der vorderen linken Trägerspitze wieder anschlingen und an der zur Ausschnitt-Mitte zeigenden Seite 10 fM aus dem Trägeransatz häkeln. Weiter am vorderen Ausschnitt zwischen jedes Stb 1 fM = 37 (43/49) M häkeln. Fortlaufend aus dem rechten Trägeransatz wieder 10 fM, 30 Lm, 10 fM aus dem rechten Trägeransatz des Rückenteils, am hinteren Ausschnitt zwischen jedes Stb 1 fM = 37 (43/49) M, 10 M aus dem vierten Trägeransatz und nochmals 30 Lm = 174 (186/198) M häkeln. Die M mit 1 Km zur Rd schließen. Weiter 6 Rd in Spiral-Rd über alle M häkeln, dabei aber jeweils nur in das hintere Maschenglied einstechen, sodass sich feine, oben aufliegende Linien ergeben. Die letzte Rd mit 2 Km schließen.

ZU GUTER LETZT

Die Seitennähte schließen. Alle Fäden vernähen. Das Top leicht dämpfen.

Irgendwo ist immer Sommer

Was so lässig aussieht, ist etwas für Fortgeschrittene und Geduldige. Das Bogenmuster erfordert Aufmerksamkeit und die an sich einfachen Doppelstäbchen sollten gleichmäßig gearbeitet werden. Aber wer dran bleibt, wird mit einem It-Piece des Sommers belohnt. Versprochen!

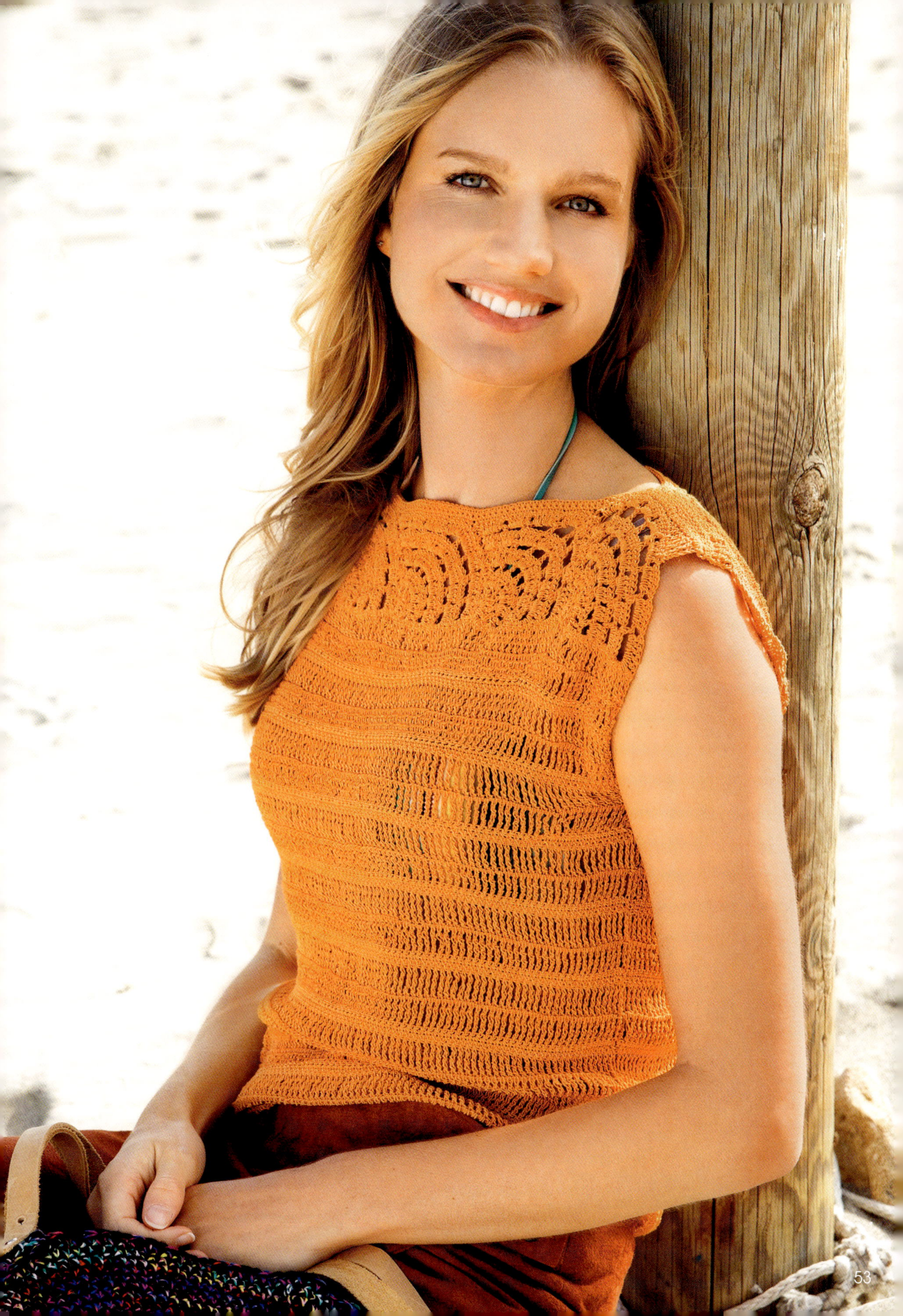

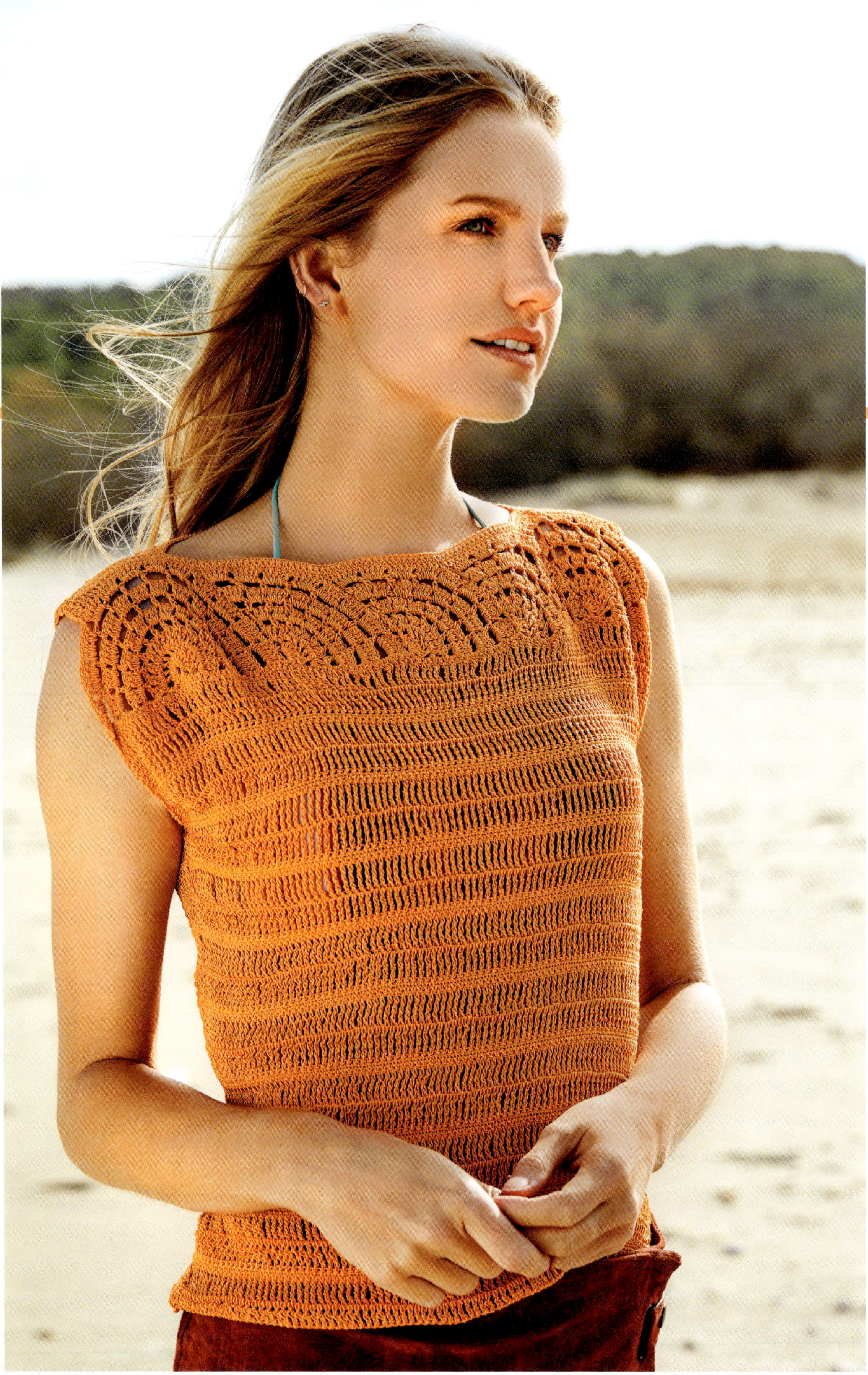

Irgendwo ist immer Sommer

Top mit U-Boot-Ausschnitt

GRÖSSE

36–38, 42–44

Die Angaben für Größe 36–38 stehen vor der Klammer, die für Größe 42–44 in den Klammern. Bei nur einer Angabe gilt diese für beide Größen. Die mittlere Größe ist aufgrund der Rapportbreite der Passe leider nicht möglich.

MATERIAL

Lana Grossa **Capri** (15 % Seide, 55 % Baumwolle, 30 % Polyamid, Lauflänge ca. 150 m/50 g)

300 (400) g in Orange **(Fb 7)**

Häkelnadeln Nr. 2,5 und 3,0

MASCHENPROBE

Mit Nadel Nr. 2,5 in 3-fach-Stäbchen gehäkelt, ergeben 23 M 10 cm in der Breite und 4 R 7 cm in der Höhe.

MUSTER

Grundmuster

Gemischte Reihen aus 3-fach-Stb und fM: Maschenzahl beliebig.

1. und 2. R: 3-fach-Stb mit Nadel Nr. 2,5, dabei die Reihen mit 5 Wende-Lm beginnen.

3. und 4. R: FM mit Nadel Nr. 3, dabei die Reihen mit 1 Wende-Lm beginnen. Die Wende-Lm ersetzen die 1. M jeder Reihe.

Die 1.–4. R wiederholen.

Bogenbordüre

Nach Häkelschrift arbeiten. 1 x die 1.–9. R arbeiten, danach die 10.–19. R wiederholen. R mit Stb beginnen mit 3 Lm, die jeweils das 1. Stb ersetzen. Bei den ¼-Kreis-Elementen werden die Km auch nach 3 Steige-Lm zusätzlich in die entsprechende M am vorangegangenen ½- bzw. ¼-Kreis eingehakt.

Bogenbordüre

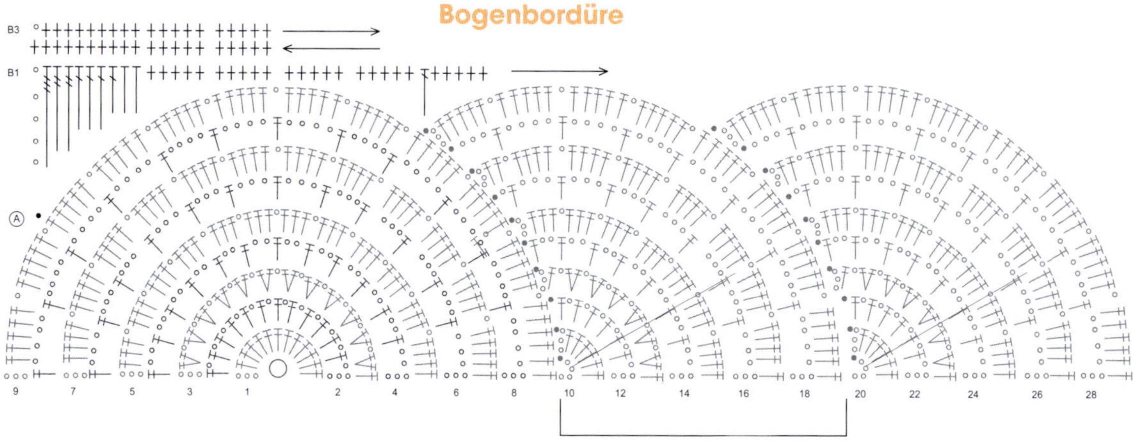

Zeichenerklärung:

- ∘ = Luftmasche
- • = Kettmasche
- + = feste Masche
- T = Halbstäbchen
- Ŧ = Stäbchen
- = Doppelstäbchen
- = 3-fach-Stäbchen

ANLEITUNG

SCHMUCK-PASSE

Für die Schmuck-Passe die Bogenbordüre 2 x häkeln. Mit Nadel Nr. 3,0 beginnend mit 3 Lm 12 Stb in einen Magic-Ring häkeln (= 1. R). 1 x den Halbkreis von der 1.–9. R häkeln. Danach 4 x (5 x) ein ¼-Kreis-Element von der 10.–19. R ansetzen. Dann die Arbeit beenden.

RÜCKENTEIL

Mit Nadel Nr. 3,0 an einer Ecke der geraden Seite der Bogenbordüre den Faden mit 1 Km wieder anschlingen. Beginnend mit 1 Lm aus der Kante 101 (118) fM heraushákeln. Die Maschen verteilen sich wie folgt: Pro ¼-Kreis 16 fM häkeln, pro Anfangsschlinge ½- bzw. ¼-Kreis 1 fM. Weiter im Grundmuster mit Nadel Nr. 2,5 arbeiten und 10 x die 1.–4. R wiederholen. Nach 41 R die Arbeit beenden.

VORDERTEIL

Wie das Rückenteil arbeiten.

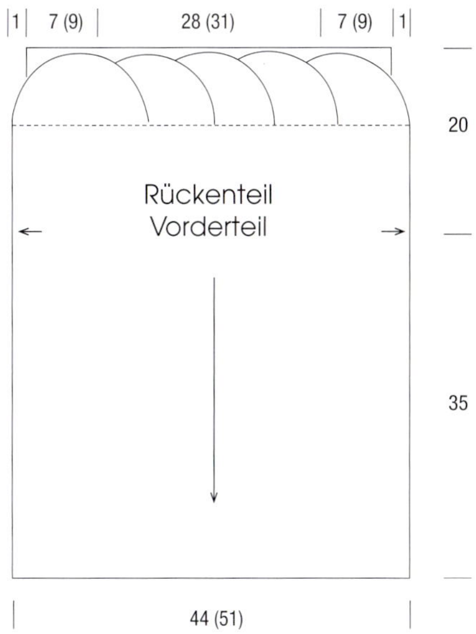

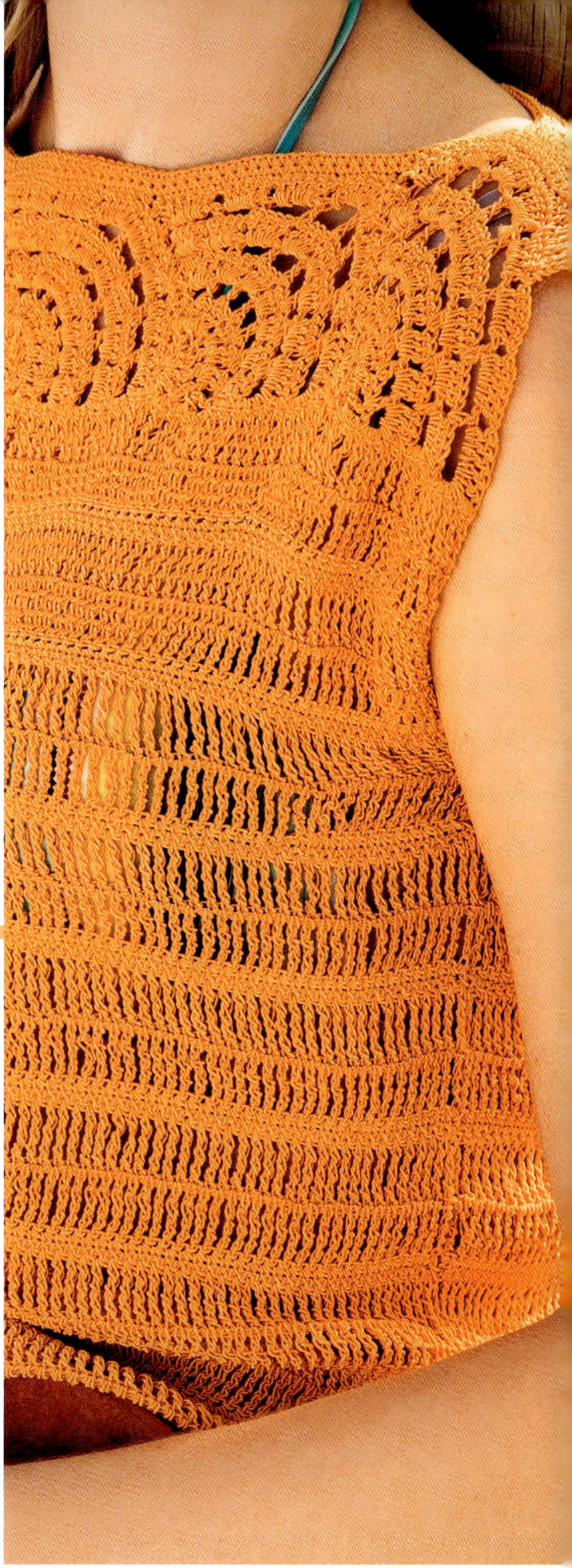

AUSSCHNITTBLENDEN

Den Faden gemäß Häkelschrift an Punkt A anschlingen und 1 Ausgleichs-R häkeln (= Reihe B1). Danach noch 2 R fM (Reihen B2 und B3) häkeln.

ZU GUTER LETZT

Die Seitennähte schließen. Die Schulternähte über 7 (9) cm schließen. Alle Fäden vernähen. Das Top dämpfen, dabei die 3-fach-Stb in Längsrichtung auseinanderziehen und die fM in Querrichtung anpassen.

Mehr *Meer* bitte

Zwei einfache Rechtecke, gebrannte Erdtöne, Reihe für Reihe nur Stäbchen häkeln und fertig ist ein supermodisches Strandkleid. Das Streifenmuster motiviert und Blockstreifen für Blockstreifen sieht man den schnellen Erfolg. Garantiert in einem Strandurlaub fertig zum Ausführen!

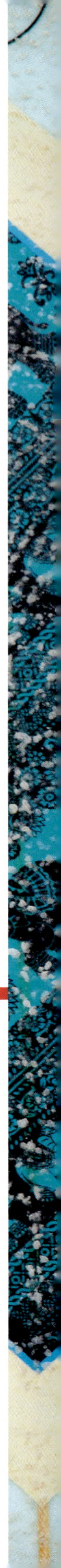

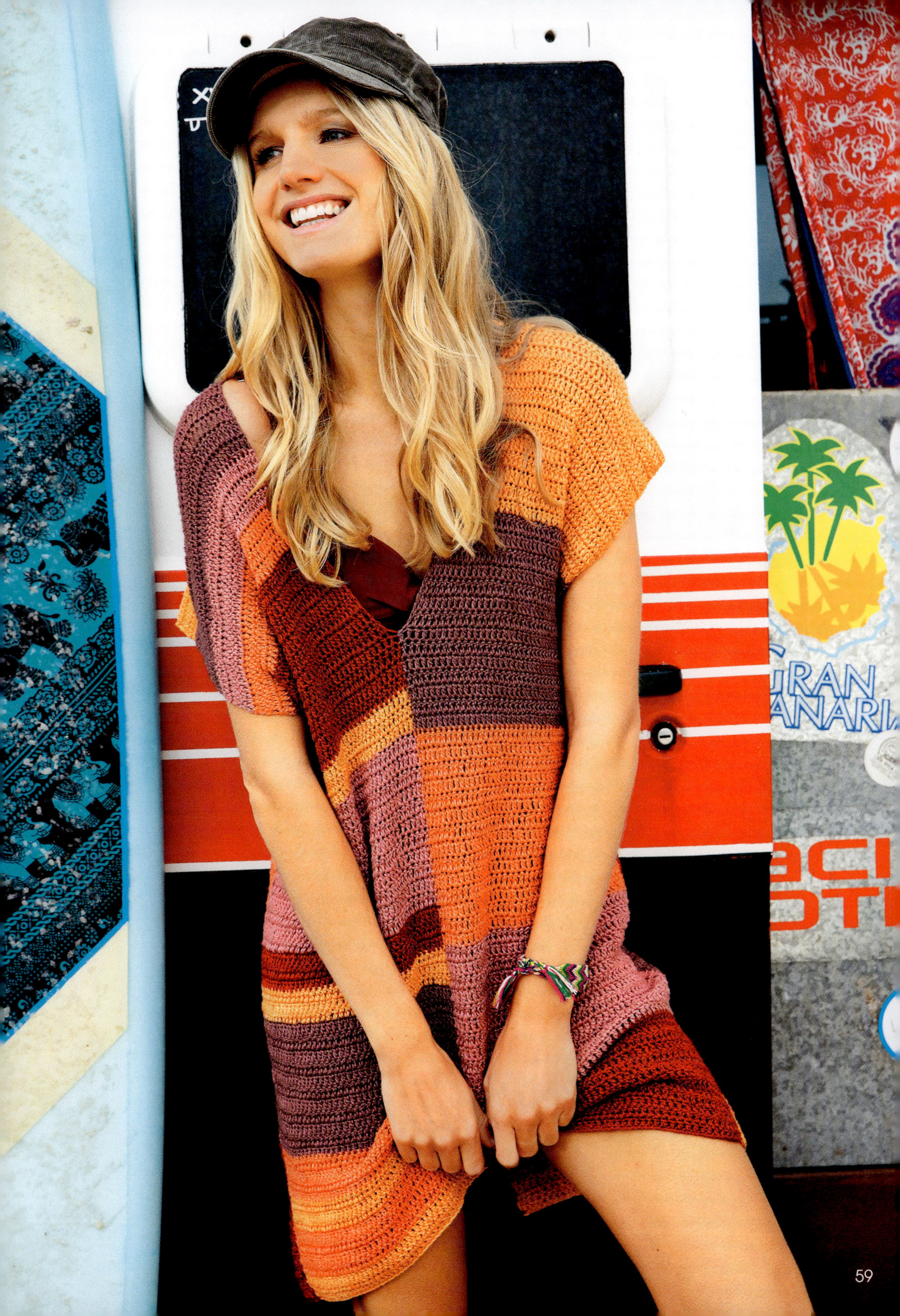
GRAN

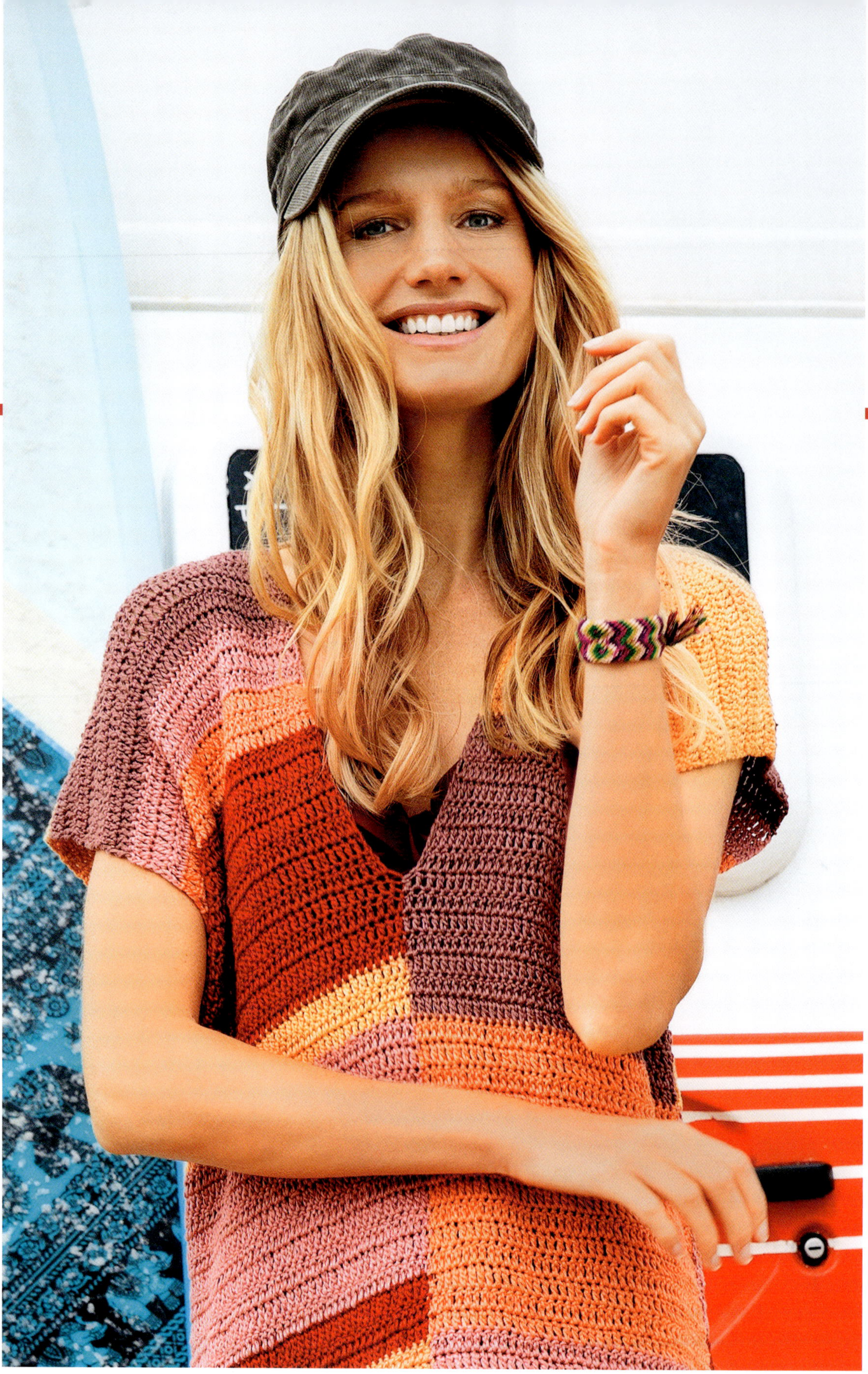

Mehr *Meer* bitte

Tunika im Streifenmix

GRÖSSE

36–40, 42–46

Die Angaben für Größe 36–40 stehen vor der Klammer, die für Größe 42–46 in den Klammern. Bei nur einer Angabe gilt diese für beide Größen.

MATERIAL

Lana Grossa **Linarte** (40 % Viskose, 30 % Baumwolle, 20 % Leinen, 10 % Polyamid, Lauflänge ca. 125 m/50 g)
je **150 g** in Dunkelrot **(Fb 8)**, Pastellorange **(Fb 95)**, Altrosa **(Fb 84)** und Antikrot **(Fb 93)**,
100 g in Kürbis **(Fb 94)**
Häkelnadel Nr. 4

MASCHENPROBE

Mit Nadel Nr. 4 in Stb gehäkelt, ergeben 17 M und 10 R 10 cm x 10 cm.

MUSTER

Grundmuster
Stäbchen

Tipps für Farbübergänge: An den Farbübergängen die Fäden beider Farben an der Rückseite miteinander verkreuzen, damit keine Löcher entstehen. Das letzte Stb der R mit Farbe 1 wie folgt arbeiten: Umschlag mit Farbe 1, den Faden durch die M holen, den Faden durch die ersten beiden Schlingen holen, dann zu Farbe 2 wechseln und den Faden in Farbe 2 durch die letzten beiden Schlingen holen. Faden 1 an der Rückseite hängen lassen, bis er wieder aufgenommen wird. Beachten Sie, dass der Faden IMMER an der Rückseite, also an der Innenseite der Tunika mitgeführt wird. In Rück-R liegt der Faden somit VOR der Arbeit, in Hin-R HINTER der Arbeit.

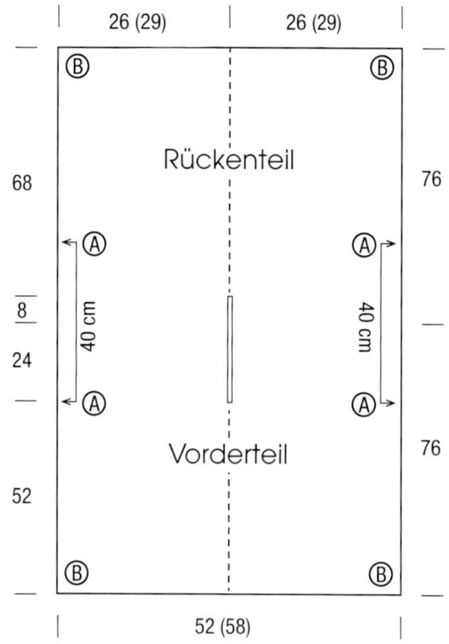

ANLEITUNG

VORDERTEIL

46 (51) Lm in Pastellorange und fortlaufend 45 (50) Lm + 3 Wende-Lm in Dunkelrot anschlagen. Die beiden Lm-Ketten sollten am Farbübergang so verbunden sein, dass eine durchgehende Kette entsteht. Das 1. Stb in die 4. Lm ab Nadel häkeln. Jede R beginnt mit 3 Wende-Lm, die als 1. Stb zählen, und endet mit 1 Stb in die oberste Wende-Lm = 92 (102) M.

Bis zur 49. R nach Farbschema arbeiten.

Für den Ausschnittschlitz ab der 50. R beide Hälften über je 46 (51) M getrennt arbeiten. Nach der 70. R einen Maschenmarkierer für die Schulternaht setzen.

RÜCKENTEIL

Das Rückenteil wie das Vorderteil von der Schulter aus in Richtung Saum arbeiten, dabei die Streifenfolge von oben nach unten und seitenverkehrt arbeiten. Auf der Blockstreifenseite werden nun die feinen Streifen gehäkelt, auf der Seite mit den kleinen Streifen die Blockstreifen.

Über die folgenden 7 R die beiden Seiten des Rückenteils noch getrennt bearbeiten. Ab der 8. R wieder über die ursprünglichen 92 (102) M häkeln. Die Arbeit beenden, wenn auch für das Rückenteil 70 R gehäkelt sind.

ZU GUTER LETZT

Alle Fäden vernähen. Gemäß Schnittskizze das Vorder- und Rückenteil an den Seitennähten A auf A und B auf B legen und die Strecke zwischen A und B zusammennähen. Zwischen A und A bleibt das Armloch offen.

Farbschema

		Reihe
95	93	70
95	93	69
95	93	68
95	93	67
95	93	66
95	93	65
95	93	64
95	93	63
95	84	62
95	84	61
95	84	60
95	94	59
95	94	58
95	94	57
93	8	56
93	8	55
93	8	54
93	8	53
93	8	52
93	8	51
93	8	50
93	8	49
93	8	48
93	8	47
93	8	46
93	95	45
93	95	44
93	95	43
94	84	42
94	84	41
94	84	40
94	84	39
94	84	38
94	84	37
94	84	36
94	84	35
94	8	34
94	8	33
94	8	32
94	95	31
94	95	30
94	95	29
84	93	28
84	93	27
84	93	26
84	93	25
84	93	24
84	93	23
84	93	22
84	93	21
84	93	20
84	93	19
84	93	18
84	93	17
84	93	16
84	93	15
8	94	14
8	94	13
8	94	12
8	94	11
8	95	10
8	95	9
8	95	8
8	94	7
8	94	6
8	94	5
8	94	4
8	95	3
8	95	2
8	95	1

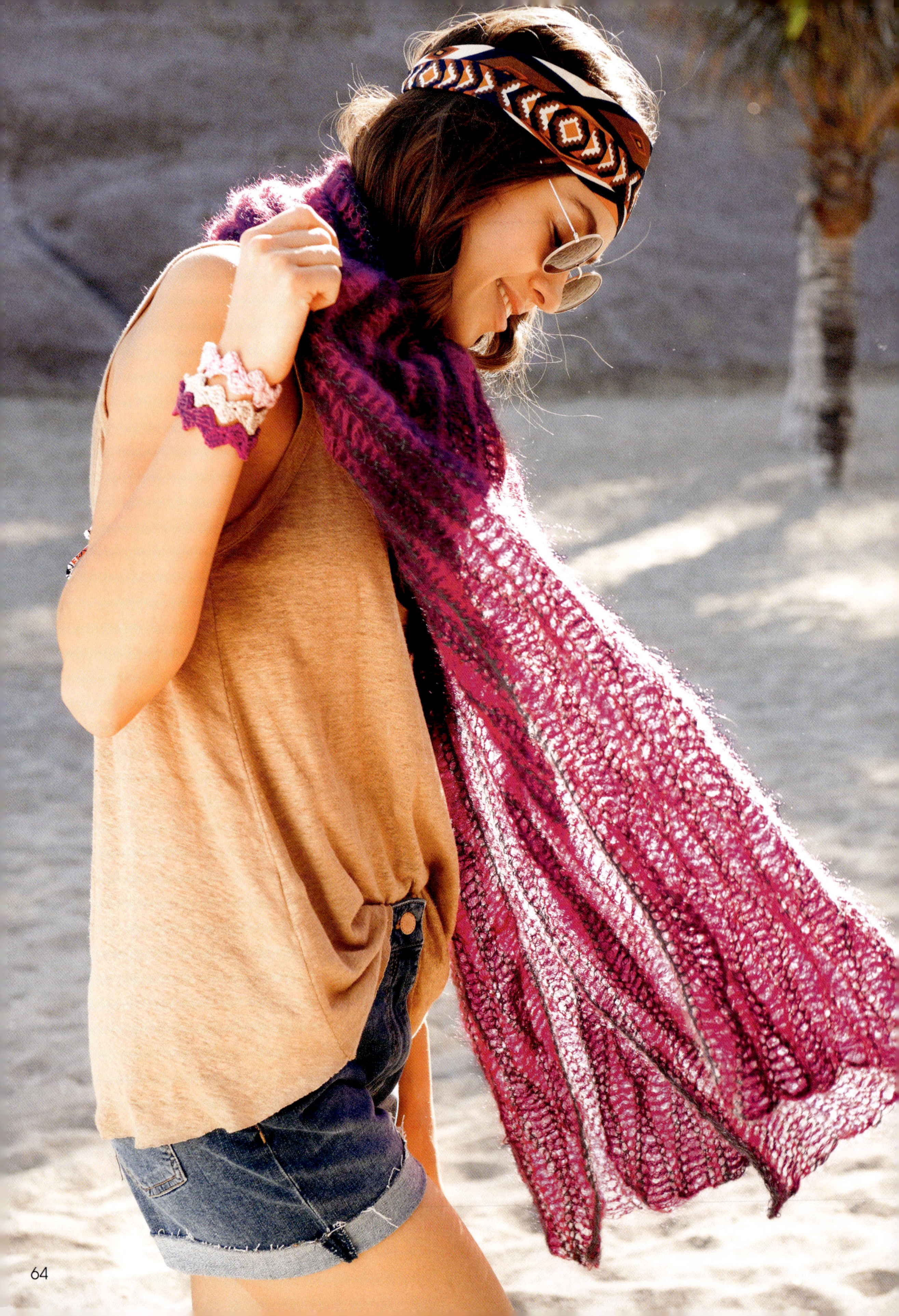

Sommer *welle*

Quer gehäkelt wird dieser zauberhafte Sommerschal. Die harmonischen, Ton in Ton abgestimmten Farben gehen sanft ineinander über. Das Muster macht süchtig und der Phantasie sind bei eigenen Farbkombinationen keine Grenzen gesetzt. Hat man das Muster einmal verinnerlicht, erlaubt es, ganz neben bei den Blicken zwischendurch immer mal in die Ferne schweifen zu lassen.

Sommer *welle*

Schal im Wellenmuster

GRÖSSE
50 x 200 cm

MATERIAL
Lana Grossa **Silkhair** (70 % Mohair, 30 % Seide, Lauflänge ca. 210 m/25 g)
je 50 g in Schiefer **(Fb 84)**, Magnolie **(Fb 75)** und Rotviolett **(Fb 100)**
Häkelnadel Nr. 5,0

MASCHENPROBE
Mit Nadel Nr. 5,0 im Wellenmuster gehäkelt, ergeben 1 Rapport in der Breite 14 M = 12,5 cm und 8 R (2 x die 2.–5. R) = 7,5 cm. Achtung: Sehr locker häkeln.

MUSTER
Wellenmuster
Siehe Häkelschrift. Maschenzahl teilbar durch 14 + 2 + 13 M.

Farbreihenfolge
1. R = Hin-R: Farbe A (Schiefer).
2. R = Rück-R: Farbe B (Magnolie).
3. R = Rück-R: Farbe A (Schiefer).
4. R = Hin-R: Farbe C (Rotviolett).
5. R = Hin-R: Farbe A (Schiefer).
Die 2.–5. R wiederholen.

Achtung: Es werden immer abwechselnd 2 Rück-R und 2 Hin-R gehäkelt. Dazu den Faden am Rand mitführen. Die Farbfolge bitte der Häkelschrift entnehmen.

ANLEITUNG
Der Schal wird quer gehäkelt. Mit Schiefer (Farbe A) 225 Lm + 1 Wende-Lm anschlagen und ab der 1. R nach Häkelschrift arbeiten = 225 fM. Die 2.–5. R in der Höhe 15 x häkeln. Danach die Arbeit beenden.

ZU GUTER LETZT
Alle Fäden vernähen.

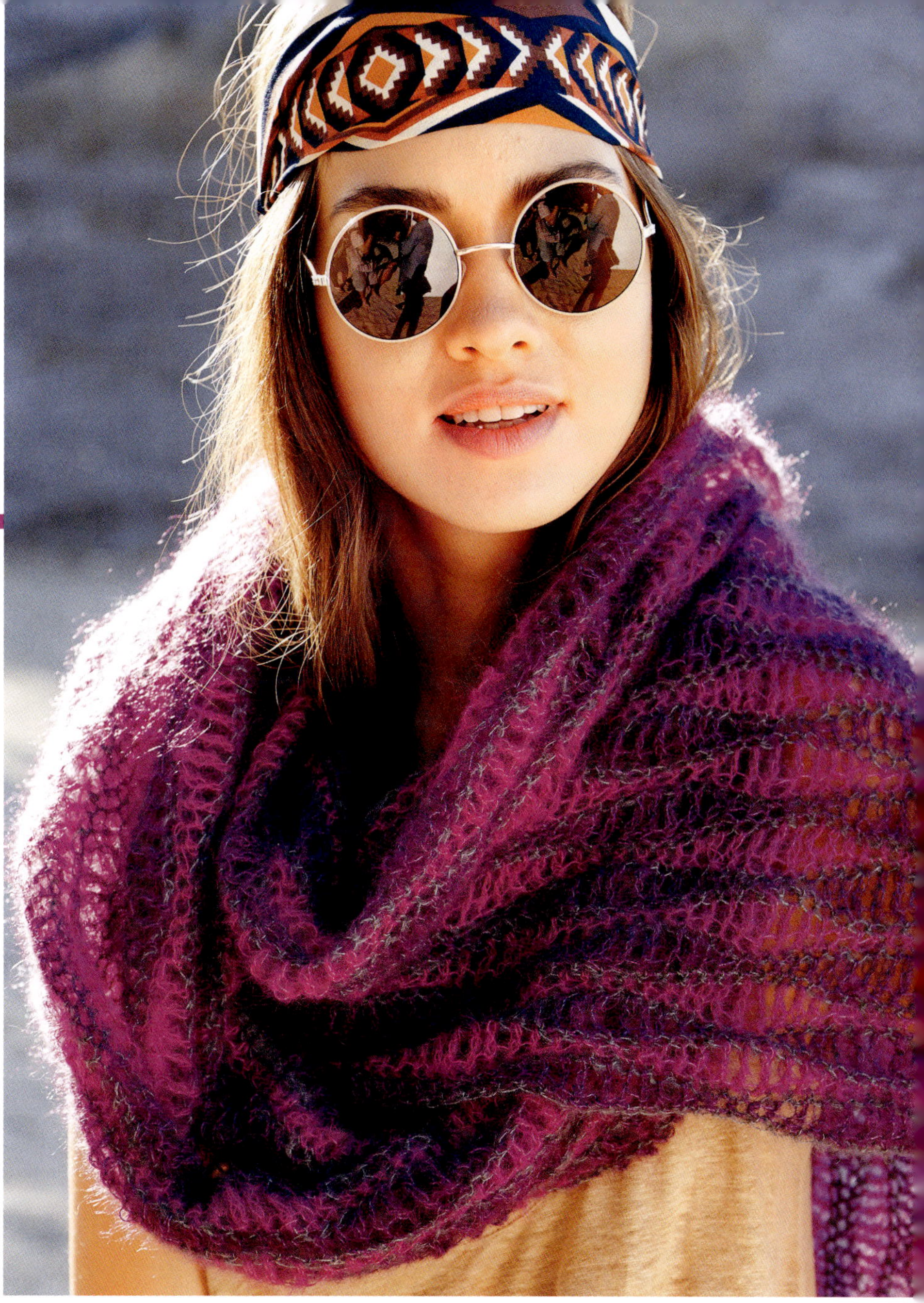

Zeichenerklärung:

o = Luftmasche

\+ = feste Masche

= Halbstäbchen

= Stäbchen

= Doppelstäbchen

Wellenmuster

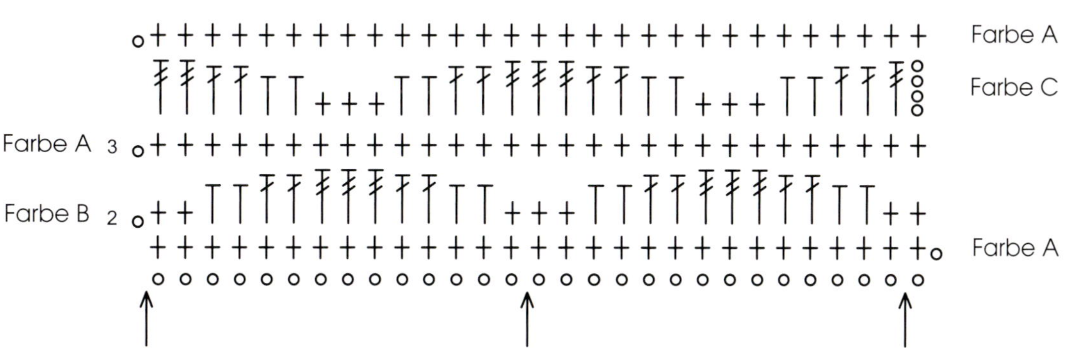

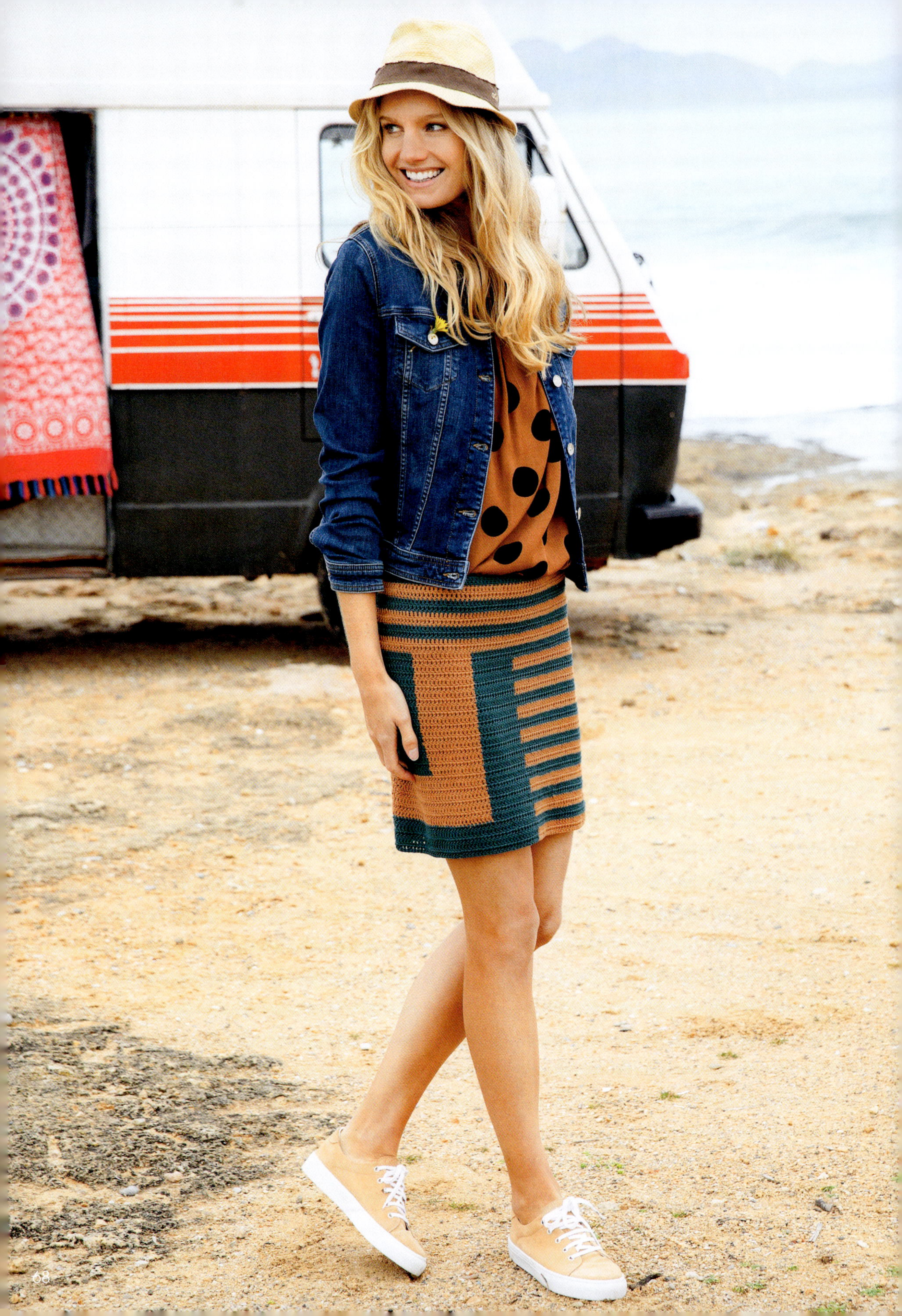

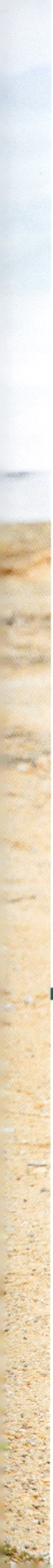

Kurz & *knackig*

Ein kleiner Anteil Elastan in unserer Elastico tut der Passform des Rockes gut. Er bleibt trotz des hohen Baumwollanteils super in Form und sitzt auch nach vielen Wäschen noch perfekt.

Kurz & knackig

Gestreifter Minirock

GRÖSSE

36–38, 40–42

Die Angaben für Größe 36–38 stehen vor der Klammer, die für Größe 40–42 in der Klammer. Bei nur einer Angabe gilt diese für beide Größen.

MATERIAL

Lana Grossa **Elastico** (96 % Baumwolle, 4 % Polyester (Elité), Lauflänge ca. 160 m/50 g)
150 g Dunkelgrün **(Fb 147)**, **100 g** Cognac **(Fb 149)**
Häkelnadel Nr. 3,5
1 Perlmuttknopf, Durchmesser 1,2 cm

MASCHENPROBE

Mit Nadel Nr. 3,5 im Grundmuster gehäkelt, ergeben 20 M und 11 R 10 cm x 10 cm.

MUSTER

Stäbchen

Alle R mit 3 Wende-Lm beginnen und mit 1 Stb in die oberste Wende-Lm beenden. Die Wende-Lm zählen als 1 Stb. Stoßen Farbflächen aneinander, werden die letzten beiden Schlingen auf der Nadel bereits mit der neuen Farbe abgemascht. Fäden bei Farbübergängen an der Rückseite verkreuzen, damit keine Löcher entstehen.

Farbverteilung

Siehe Zählschema. Jedes Kästchen stellt 1 R und 1 M dar. Für Größe 40–42 werden die 10.–12. und die 63.–65. M 2 x gehäkelt, somit wird bei Größe 36–38 über insgesamt 74 M und bei Größe 40–42 über insgesamt 80 M gearbeitet.
Der Rock wird von oben nach unten gehäkelt, der Bund zum Schluss in Dunkelgrün angehäkelt.

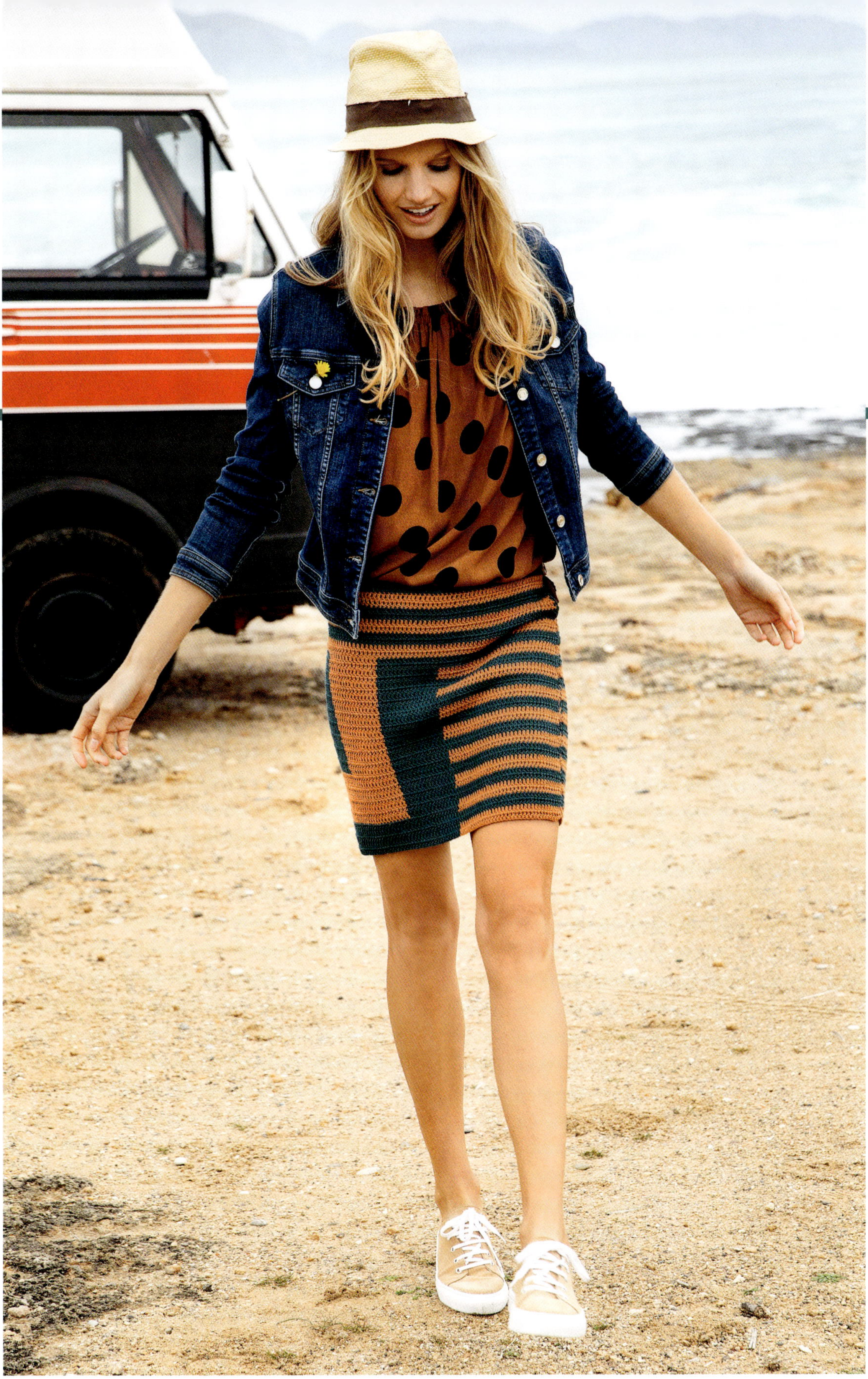

Zählmuster

(Zum Nacharbeiten bitte um 90° im Uhrzeigersinn drehen)

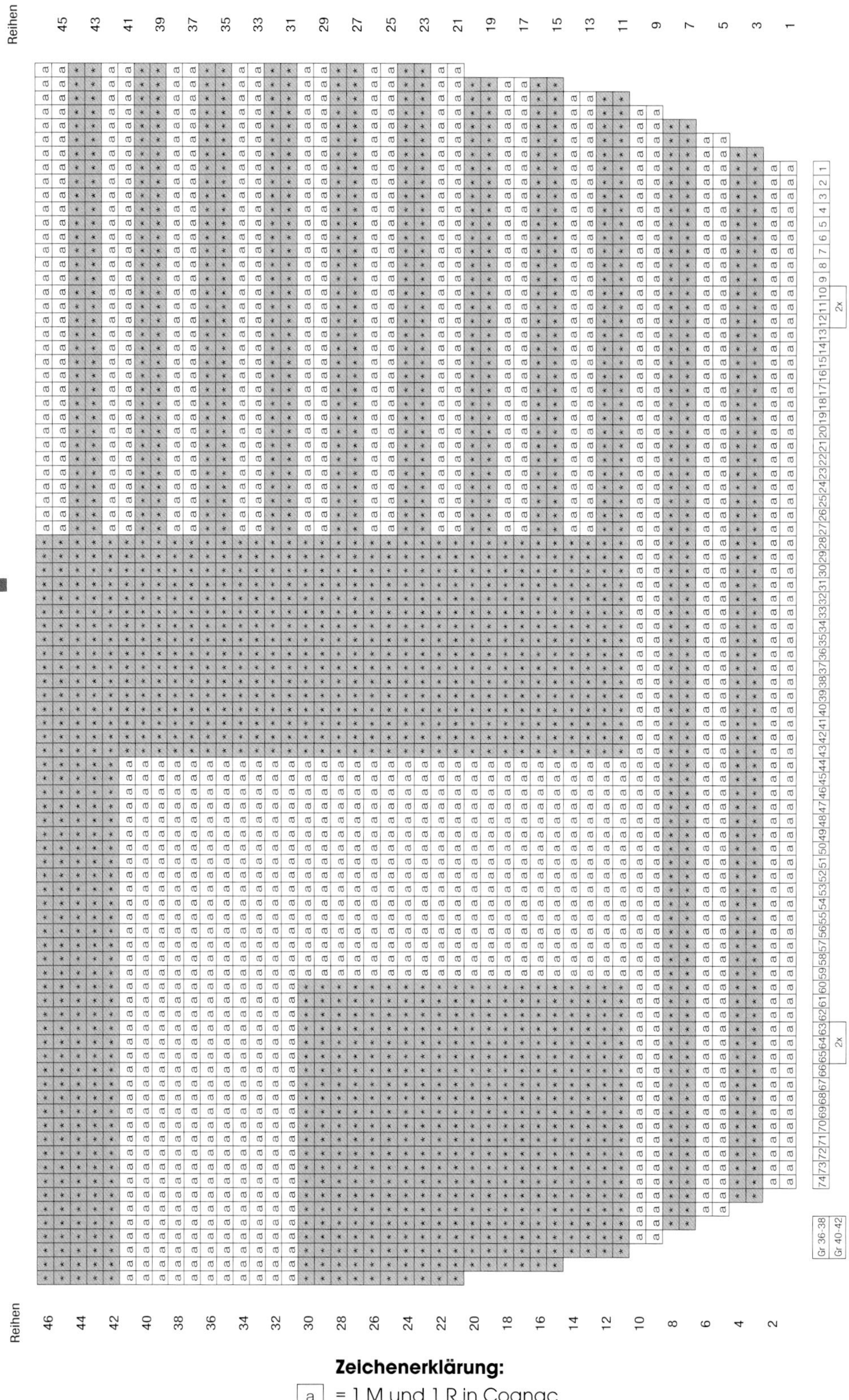

Zeichenerklärung:

a = 1 M und 1 R in Cognac

* = 1 M und 1 R in Dunkelgrün

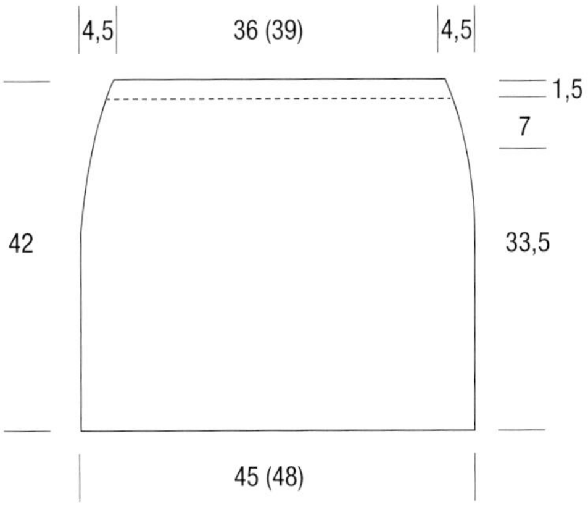

ANLEITUNG

VORDERTEIL

In Cognac 73 (79) Lm + 3 Wende-Lm anschlagen und das 1. Stb in die 4. Lm ab Nadel arbeiten. In jede Lm 1 Stb arbeiten und nach Zählschema fortfahren. Dabei in der 3., 5., 7., 9., 11., 15. und 21. R beidseitig je 1 M zunehmen, indem in die 2. und vorletzte M 2 x gestochen wird. Ab der 22. R über 88 (94) M häkeln. Nach der 42. R Arbeit beenden.

RÜCKENTEIL

Wie das Vorderteil arbeiten, jedoch die Farben gegengleich verteilen.

SCHLITZ

Die Seitennähte schließen, dabei oben an der linken Naht einen Schlitz über 8 R offenlassen. Den Schlitz am Rückenteil mit 1 R Stb in Dunkelgrün behäkeln. Dabei aus jeder R 3 Stb heraushäkeln = 24 M. Den Untertritt später innen an der schmalen Seite festnähen. Den Schlitz am Vorderteil mit 24 fM behäkeln, dabei von unten nach oben arbeiten und am oberen Ende fortlaufend das Taillenbündchen weiterhäkeln. Über die obere Kante 4 R fM häkeln. Den Faden nach der letzten R nicht abschneiden, sondern 5 Lm als Schlinge für den Knopfverschluss häkeln. Dann den Faden abschneiden, durch die letzte M ziehen und die Schlinge an der unteren Kante des Bündchens annähen.

ZU GUTER LETZT

Alle Fäden vernähen. Den Knopf passend annähen.

Luftige *Transparenz*

Die luftige Tunika in Reinweiß ist super-sexy. Das transparente Netzmuster lässt viel gebräunte Haut blitzen. Wow!

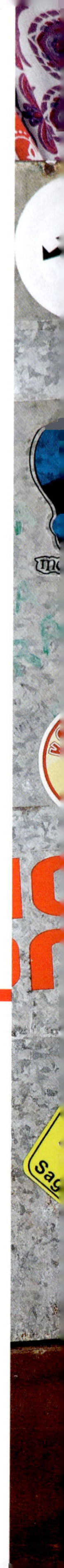

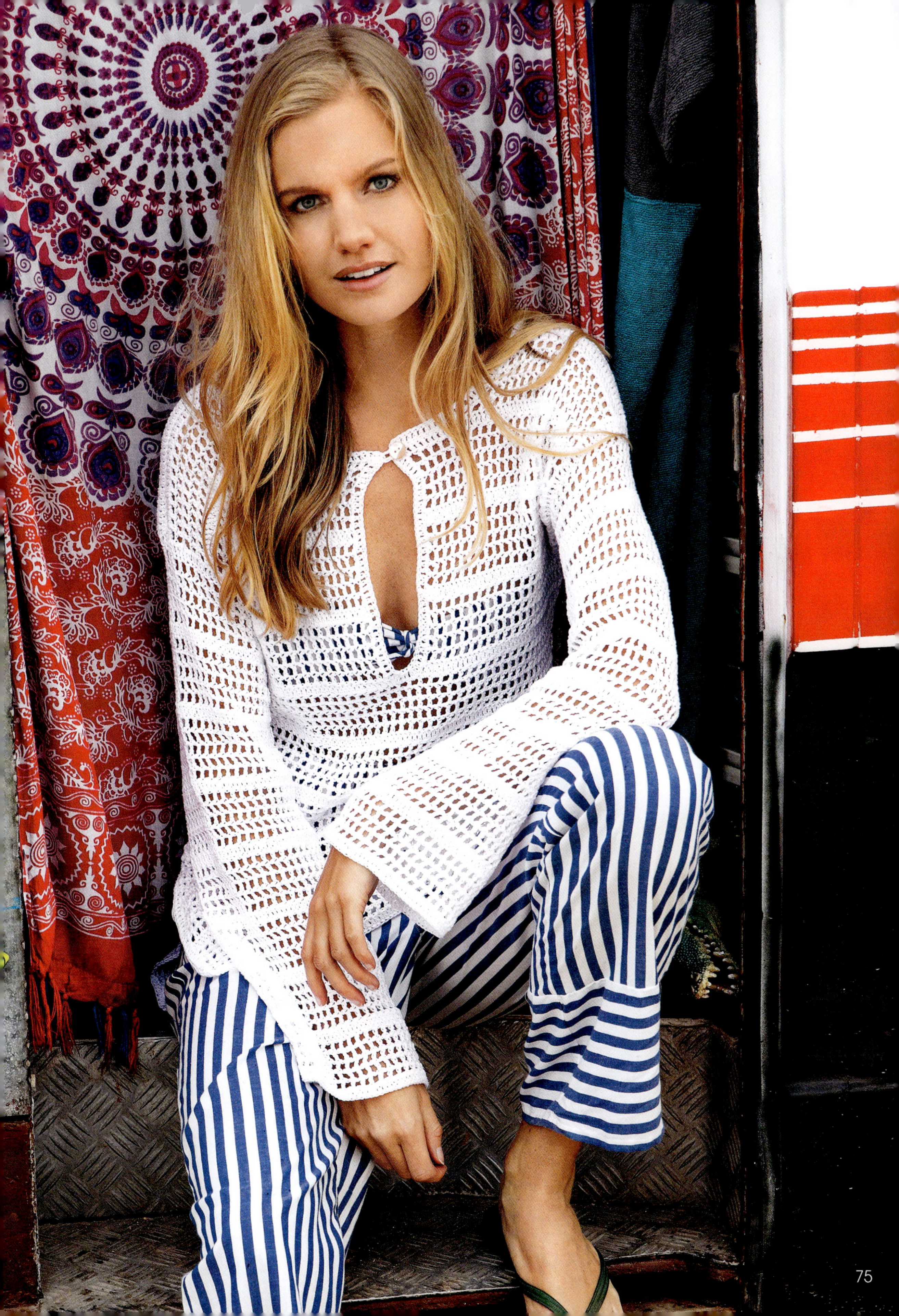

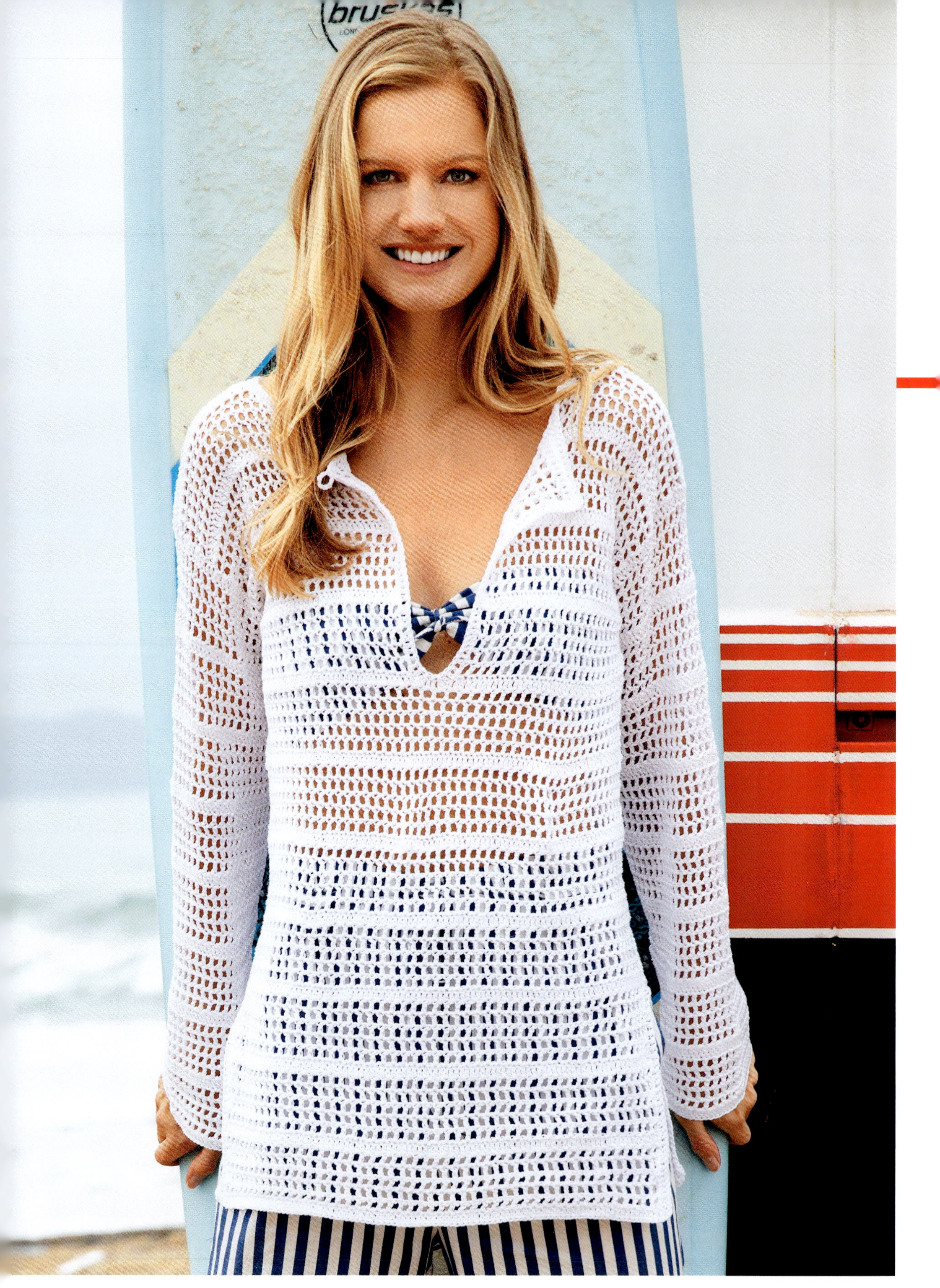

Luftige Transparenz

Netztunika

GRÖSSE
36–38, 40–42, 44–46; Länge: 67 cm
Die Angaben für Größe 36–38 stehen vor der Klammer, die für Größe 40–42 in den Klammen vor dem Gedankenstrich, die für Größe 44–46 in den Klammern nach dem Gedankenstrich. Bei nur einer Angabe gilt diese für alle Größen.

MATERIAL
Lana Grossa **Soft Cotton** (70% Baumwolle, 30% Microfaser, Lauflänge 140 m/50 g)
450 (500 / 550) g Weiß **(Fb 10)**
1 kleiner Kugelknopf
Häkelnadel Nr. 3,5

MASCHENPROBE
Mit Nadel Nr. 3,5 im Filetkaro gehäkelt, ergeben 22 M und 9,5 R 10 cm x 10 cm.

MUSTER
Filetkaro
Maschenzahl teilbar durch 2 + 1 M. 1 x die 1.–7. R arbeiten, dann die 2.–7. R wiederholen. Die Darstellungen für die Ausschnittabnahmen sind exemplarisch für Größe 36–38 dargestellt. Für Größe 40/42 und 44/46 wird nach gleichem Schema, aber über entsprechend mehr Maschen gehäkelt.

Filetkaro

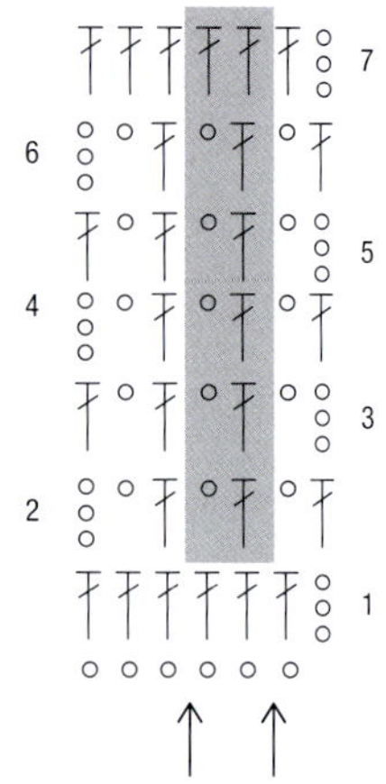

Hinterer Halsausschnitt

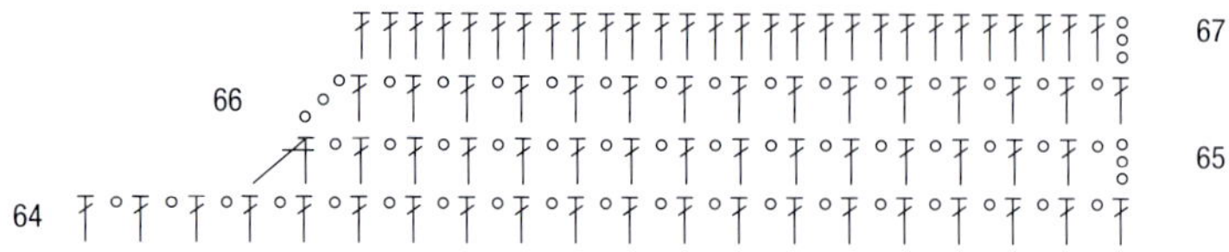

Halsausschnitt vorn

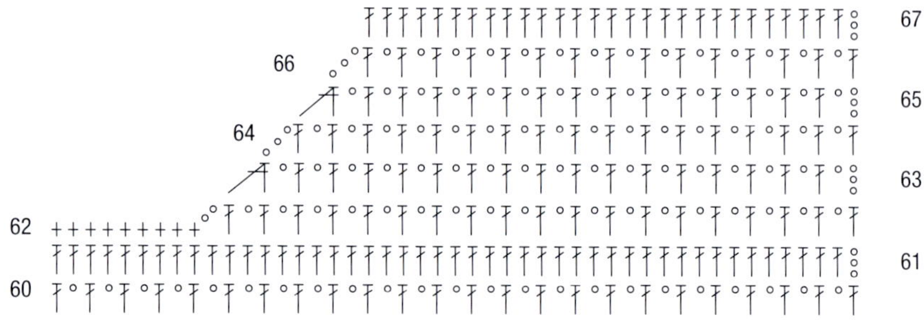

Zeichenerklärung:

○ = Luftmasche

+ = feste Masche

= Stäbchen

ANLEITUNG

Hinweis für Geübte: Wer den Maschenanschlag als sogenannten „Fußschlingenanschlag" beherrscht, sollte diesen verwenden. Man häkelt in einem Arbeitsgang Lm und die 1. Stb-Reihe, die zusammen bereits die 1. R der Häkelschrift bilden. Die Methode ist dehnbarer als der herkömmliche Lm-Anschlag.

RÜCKENTEIL

97 (101/107) Lm + 3 Wende-Lm anschlagen und das 1. Stb in die 4. Lm ab Nadel arbeiten. Dann je 1 Stb in jede Lm häkeln = 97 (101/107) M. Weiter nach Häkelschrift arbeiten und 1 x die 1.–7. R, 1 x die 2.–7. R und 1 x die 2.–6. R arbeiten. In der 19. R beidseitig je 2 M zunehmen und die M mustergemäß einreihen. Weiter bis zur 64. R nach Häkelschrift arbeiten. In der 65. R für den hinteren Halsausschnitt die mittleren 37 (39/41) M unbehäkelt lassen und beide Seiten getrennt beenden. Zunächst die rechte Seite nach Häkelschrift „Hinterer Halsausschnitt" anfertigen und nach der 67. R beenden. Die zweite Seite gegengleich fertigstellen.

VORDERTEIL

Das Vorderteil bis zur 42. R wie das Rückenteil häkeln. Für den Ausschnitt-Schlitz in der 43. R die mittleren 3 M unbehäkelt lassen und beide Seiten getrennt beenden. Bis zur 61. R weiter nach Häkelschrift arbeiten. In der 62. R für die Rundung des Halsausschnitts nach Häkelschrift „Halsausschnitt vorn" weiterhäkeln. Zunächst die rechte Seite anfertigen und nach der 67. R beenden. Die zweite Seite gegengleich fertigstellen.

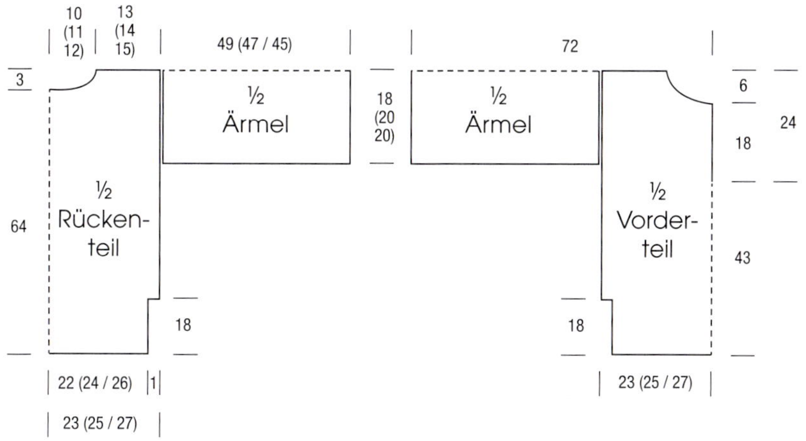

ÄRMEL

Die Schulternähte schließen. Die Ärmel werden direkt in das Armloch gehäkelt. An den Seitennähten laut Skizze die Armlöcher abmessen und markieren. Die Höhe entspricht 20 (21/21) R am Vorderteil und 20 (21/21) R am Rückenteil, das entspricht 18 (20/20) cm. Über diese Strecke werden die Ärmel jeweils angehäkelt. Dazu den Faden anschlingen und in die Strecke am Vorder- und Rückenteil je 40 (42/44) Stb häkeln (für Größe 44–46 verteilt insgesamt je Vorder- und Rückenteil 2 M mehr herausshäkeln). Je R werden 2 Stb gehäkelt. 1 Stb direkt in die Schulternaht arbeiten. Die R entspricht der 1. R der Häkelschrift. Weiter nach Häkelschrift über 81 (85/89) M arbeiten. Insgesamt 1 x die 1.–7. R häkeln und die 2.–7. R stets wiederholen. Die Arbeit nach 49. (47./45.) R beenden.

BLENDE

Seiten- und Ärmelnähte in einem Stück schließen, dabei die Schlitze wie in der Skizze angegeben offen lassen. Den Halsausschnitt mit 1 Rd Stb umhäkeln. Begonnen wird an einer Schulter mit 3 Steige-Lm. Beendet wird die Rd mit 1 Km in die obere Steige -Lm. An den äußeren Ecken der Ausschnittkante jeweils 2 Stb, 1 Lm, 2 St häkeln. An der inneren Ecke am Schlitzende 4 M zusammenhäkeln.

An der rechten Ausschnittspitze eine kleine Schlinge nähen und an der linken Spitze den Kugelknopf annähen.

Beide Seitenschlitze ebenfalls mit 1 R Stb umhäkeln. An der inneren Ecke am oberen Schlitzende 4 M zusammenhäkeln.

ZU GUTER LETZT

Alle Fäden vernähen. Die Tunika dämpfen und in Form ziehen.

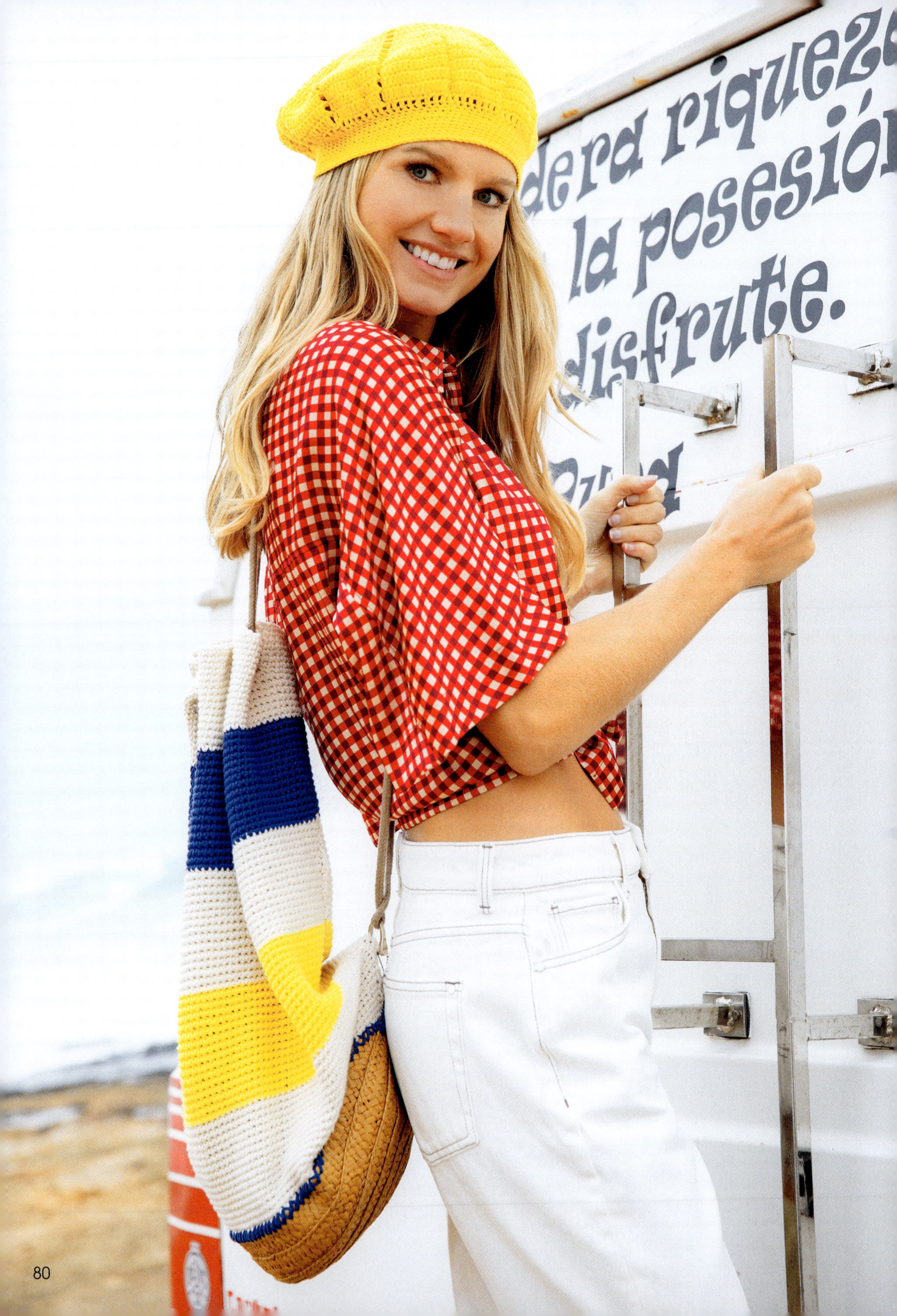
dera riquez
la posesió
disfrute.

Perfektes *Match*

Strandtuch, Sonnenbrille, Sonnenmilch und Wasserflasche passen locker in den Matchsack. (Die passende Baskenmütze ist unser Modell von Seite 44).

Perfektes Match

Matchsack mit Blocksteifen

GRÖSSE
48 cm x 90 cm (Höhe x Umfang)

MATERIAL
Lana Grossa **Organico** (100 % Bio-Baumwolle, Lauflänge ca. 90 m/50 g)
300 g Ecru **(Fb 6)**, **je 100 g** Maisgelb **(Fb 119)** und Nachtblau **(Fb 13)**
Häkelnadel Nr. 4
1 runder Bastboden, Art. 615941 von Prym
1 silberner Aufhänger für Taschengriffe, Art. 615 130 von Prym
1 Kordel

MASCHENPROBE
Im Grundmuster mit Nadel Nr. 4 gehäkelt, ergeben 16 M und 16,5 R 10 cm x 10 cm.

MUSTER
Grundmuster
Feste Maschen in Runden

ANLEITUNG

BODEN
Mit Ecru in einen Magic Ring beginnend mit 3 Lm 11 Stb häkeln. Die Rd mit 1 Km in die oberste Lm schließen. Weiter fM in Spiral-Rd arbeiten, dabei die Rd nicht schließen. Den Rd-Übergang mit einem Faden oder Maschenmarkierer kennzeichen.
1. Rd: Jede M verdoppeln, indem in jede M 2 fM gehäkelt werden (= 24 M).
2. Rd: Die 2. Rd und alle weiteren geraden Rd sind Zwischen-Rd. In diesen Rd wird nicht zugenommen.
3. Rd: Jede 2. M verdoppeln (= 36 M).
5. Rd: Jede 3. M verdoppeln (= 48 M).
7. Rd: Jede 4. M verdoppeln (= 60 M).
Die Zunahmen in dieser Weise fortsetzen, bis in der 21. Rd jede 11. M verdoppelt wird (= 144 M). Nach der 22. Rd den Boden beenden, den Faden dabei aber nicht abschneiden, sondern weiter in Rd ohne Zunahme häkeln.

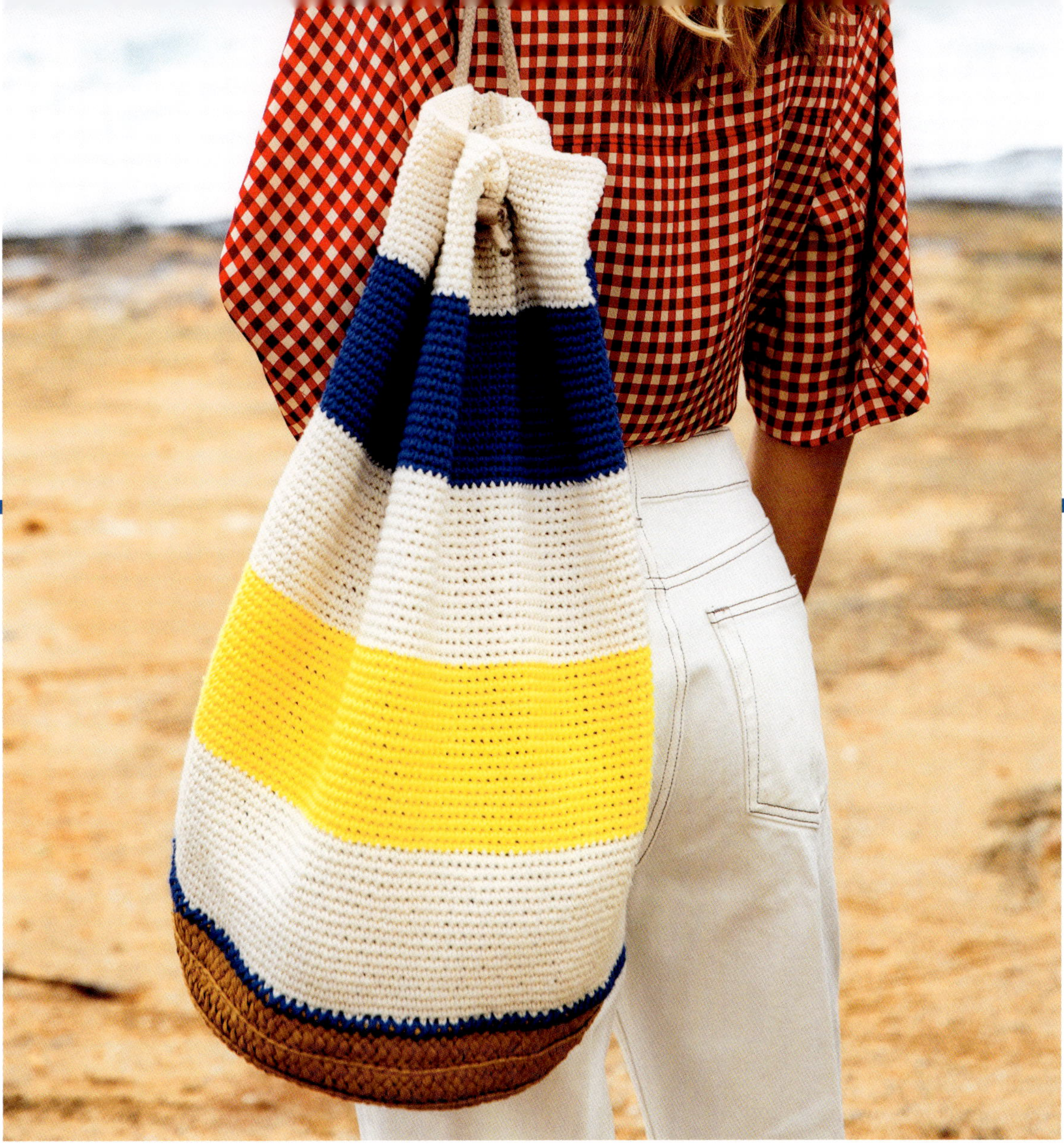

TASCHENKÖRPER

Weiter in Rd fM häkeln und 20 Rd Ecru, 15 Rd Maisgelb, 15 Rd Ecru, 15 Rd Nachtblau und 9 Rd Ecru arbeiten. In der folgenden Rd die Löcher für die Kordel einarbeiten. Dafür ab Rd-Beginn wie folgt häkeln: 5 fM, 1 M mit 2 Lm übergehen, 7 x * 18 fM, 1 M mit 2 Lm übergehen *, 5 fM. In der nächsten Rd um die Lm-Bögen jeweils 1 fM arb und wieder über 144 M häkeln. Nach weiteren 4 Rd in Ecru die letzte Rd für einen glatten Rd-Übergang mit 2 Km beenden.

ZU GUTER LETZT

Alle Fäden vernähen. Mit Nachtblau im Kreuzstich den Bastboden an den Boden des Matchsacks nähen. Zusätzlich mehrmals den gehäkelten Boden und den Bastboden mit Stichen verbinden. 4 cm oberhalb des Bastbodens den silbernen Ring durch den Matchsack stechen und festschrauben. Die Kordel durch den silbernen Ring und die Löcher fädeln und fest verknoten.

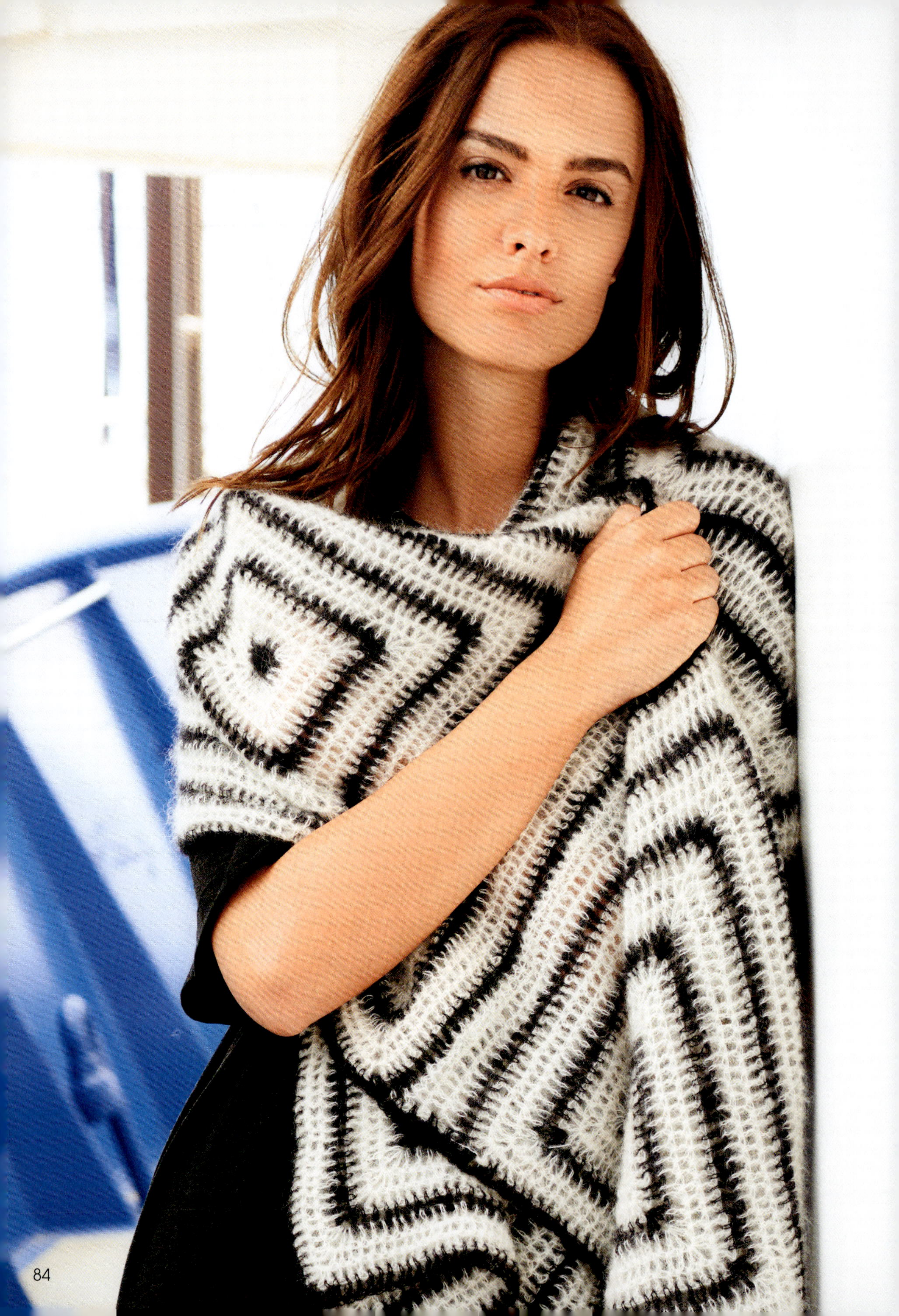

Großer Auftritt

Dass das kleine Schwarze plus eine üppige, farblich abgestimmt Stola das perfekte Duo bilden, ist kein Geheimnis. Wenn die Stola aber noch zusätzlich durch raffinierte Geometrie punktet, setzt man schnell noch das berühmte I-Tüpfelchen oben auf. Erste Wahl für lange Partys und laue Sommernächte.

Großer Auftritt

Schal aus Granny-Squares

GRÖSSE
45 cm x 90 cm

MATERIAL
Lana Grossa **Silkhair** (70 % Mohair, 30 % Seide, Lauflänge ca. 210 m/25 g)
100 g in Rohweiß **(Fb 52)** und **50 g** in Schwarz **(Fb 14)**
Häkelnadel Nr. 5,5

MASCHENPROBE
Mit Nadel Nr. 5,5 gehäkelt, messen 1 Granny Square 45 x 45 cm sowie 14 Stb und 10 R = 10 cm x 10 cm.

MUSTER
Granny-Squares
Siehe Häkelschrift. Es ist die 1.–3. Rd gezeichnet. Häkelschrift für alle weiteren Rd analog fortsetzen. Es ergeben sich somit pro Seite stets 3 Stb mehr, sodass pro Rd 12 Stb zugenommen werden. Insgesamt 20 Rd häkeln.

FARBFOLGE
Maschenanschlag: Schwarz
1.–3. Rd: Rohweiß
4. Rd: Schwarz
5 x die 1.–4. Rd häkeln.

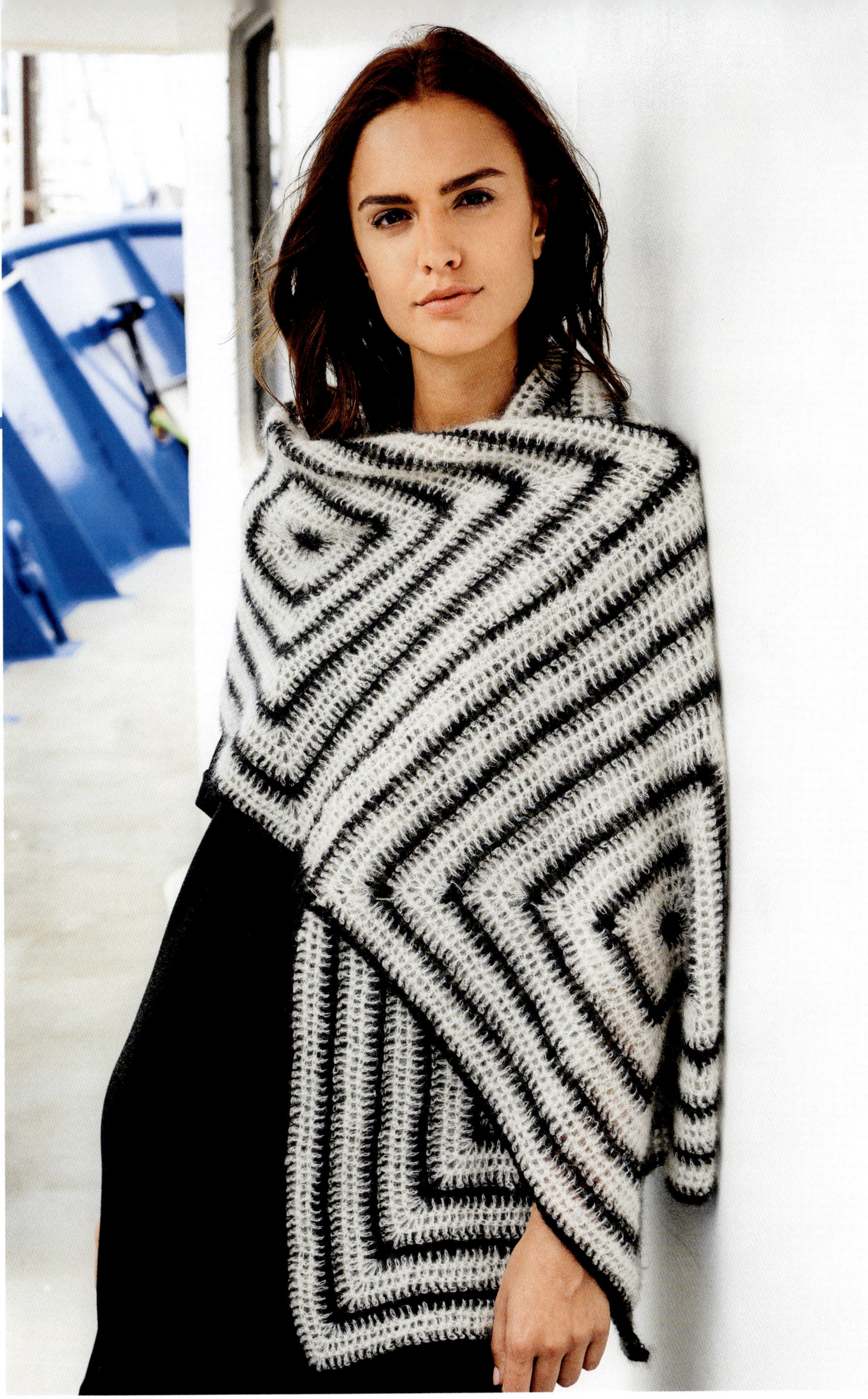

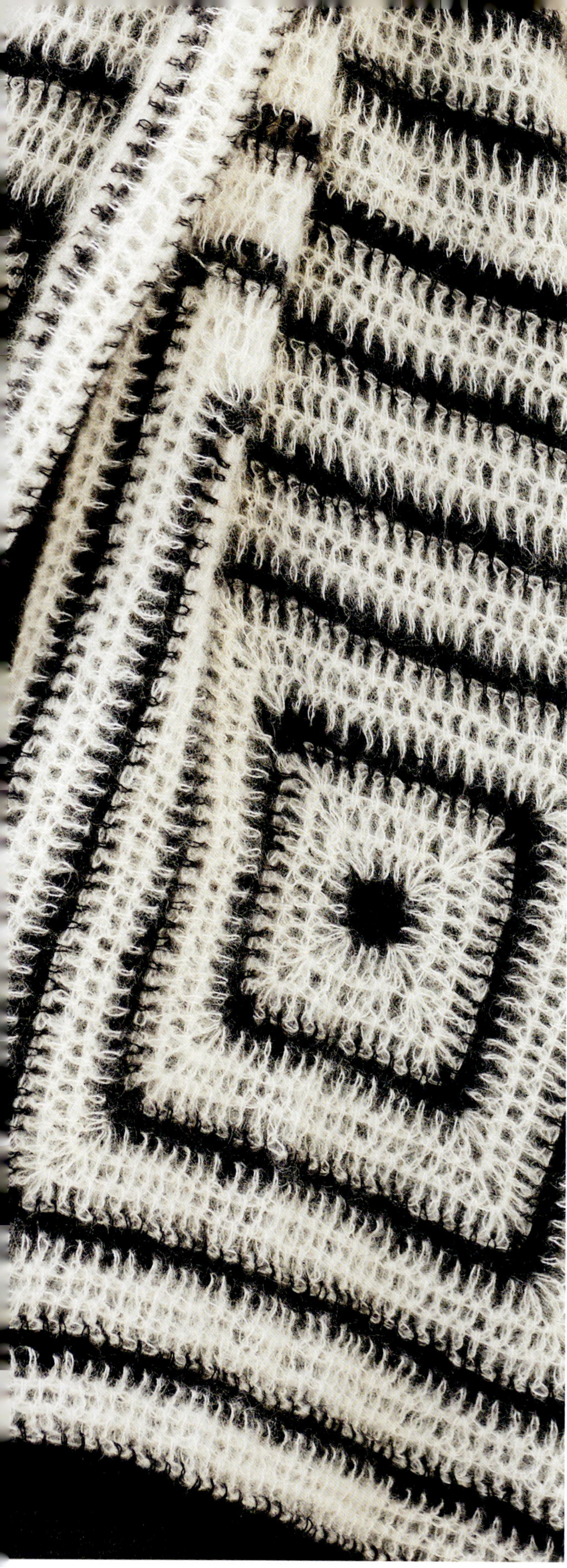

ANLEITUNG

Der Schal besteht aus 4 Granny Squares, die jeweils mit 3 R Stb zusammengefügt werden.

Alle Rd mit 1 Km schließen und mit 3 Steige-Lm beginnen.

In einen flexiblen Fadenring beginnend mit 3 Lm 11 Stb häkeln. Weiter nach Häkelschrift arbeiten und 5 x die 1.–4. Rd in der Farbfolge häkeln. In der Zeichnung sind nur 3 Rd dargestellt. Alle weiteren Rd analog dazu fortsetzen und pro Rd 12 Stb zunehmen. Nach dieser Vorgehensweise 4 Granny Squares häkeln.

Granny Square

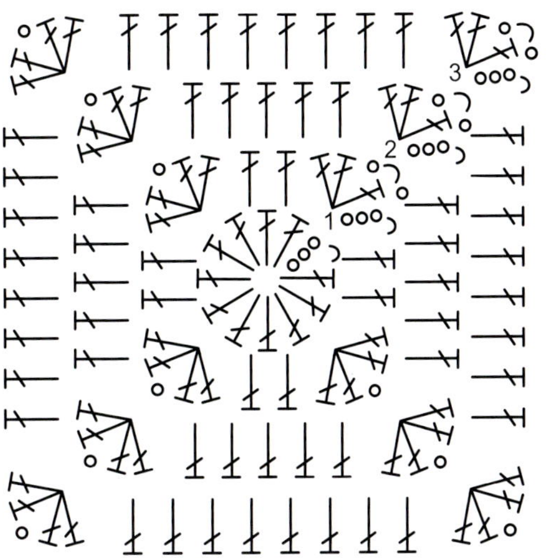

Zeichenerklärung:

o = Luftmasche

\+ = feste Masche

Ŧ = Stäbchen

) = Kettmasche

ZUSAMMENFÜGEN

Den Faden in Rohweiß an einer Ecke um die Lm anschlingen.

1. R: 3 Steige-Lm und 1 Stb um den Lm-Bogen häkeln. Weiter über eine komplette Seite des Quadrats jeweils 1 Stb in jeden M-Zwischenraum häkeln. Die R mit 1 Stb um den Lm-Bogen der Eckgruppe beenden.

2. R: 3 Steige-Lm, dann in jeden M-Zwischenraum 1 Stb.

3. R: Ein zweites Quadrat anfügen. Dazu wie folgt arbeiten: 2 Steige-Lm, in den ersten M-Zwischenraum 1 HStb, dann 1 Km in die Eckgruppe des 2. Quadrats, 1 HStb in den 2. M-Zwischenraum des 1. Quadrats und wiederum 1 Km in den 1. M-Zwischenraum des 2. Quadrats. So bis R-Ende weiterarb, bis das 2. Quadrat komplett verbunden ist. Den Faden abmaschen.

Das 3. und 4. Quadrat in gleicher Weise anfügen.

An den schmalen Seiten der Verbindungsreihen noch zusätzlich in Schwarz 8 Stb häkeln, damit die umlaufend schwarze Linie optisch nicht unterbrochen wird.

ZU GUTER LETZT

Alle Fäden vernähen.

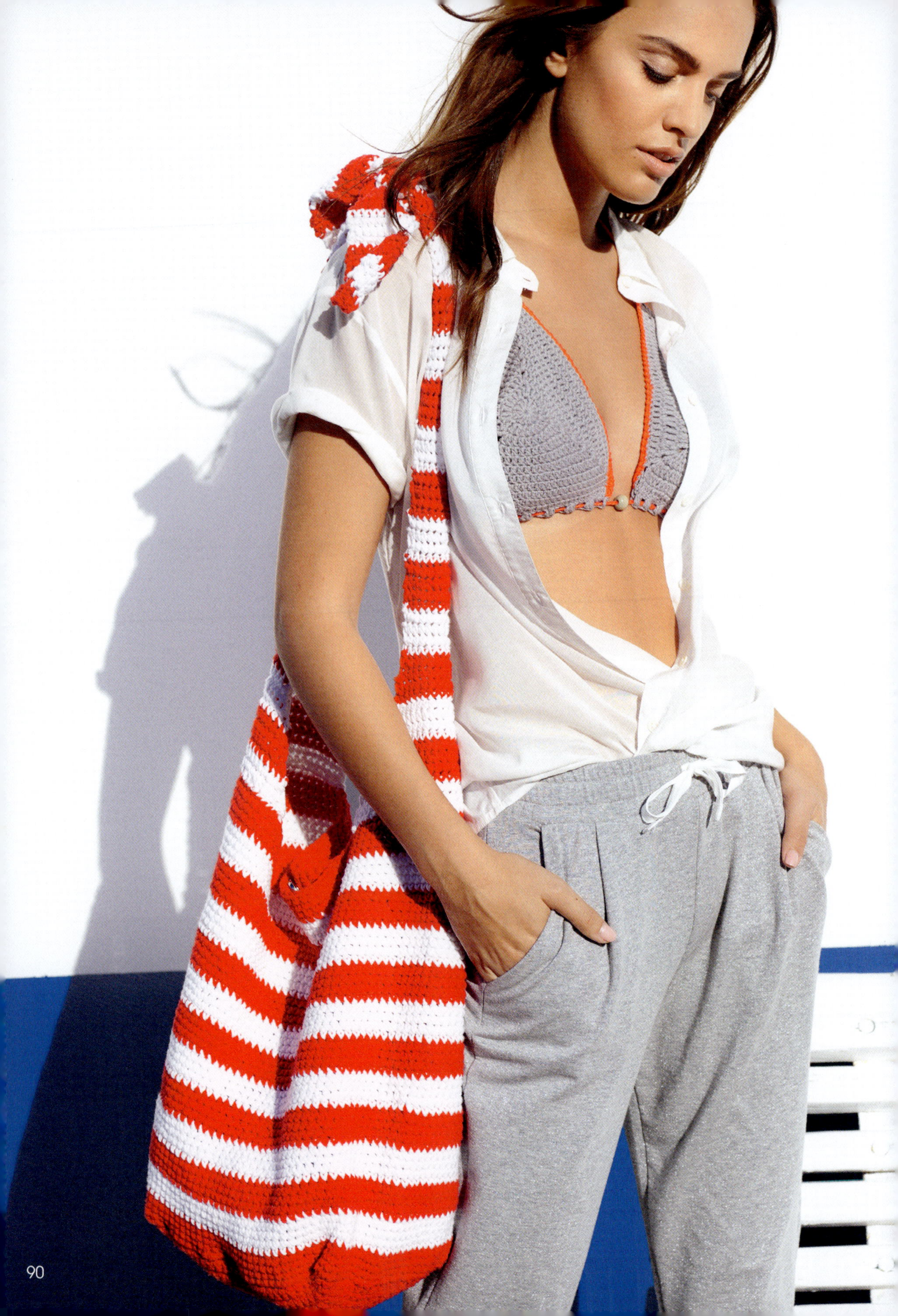

Alles gut *verstaut*

Alles verstaut? Bikini, Buch, Handy, Sonnencreme, Brille und Wasserflasche gehen locker rein. Und wenn man nicht gerade am Winterplaid strickt auch noch das aktuelle Kreativprojekt. Braucht man sonst noch etwas für einen relaxten Strandtag?

Alles gut *verstaut*

Gestreifte Tasche und Bikini-Top

TASCHE

GRÖSSE
23 cm x 16 cm (Boden) x 36 cm (Höhe)

MATERIAL
Lana Grossa **Soft Cotton Big** (70 % Baumwolle, 30 % Polyacryl, Lauflänge ca. 80 m/50 g)
200 g in Weiß **(Fb 1)** und **300 g** in Rot **(Fb 21)**
1 Magnetverschluss zum Annähen
Häkelnadel Nr. 5,0 mm.

MASCHENPROBE
Mit Nadel Nr. 5,0 in fM gehäkelt, ergeben 13 M und 15 R 10 cm x 10 cm.

MUSTER
Grundmuster
Feste Maschen in Runden und Reihen.

Streifenfolge
4 Rd Rot, 4 Rd Weiß im Wechsel.

ANLEITUNG
Die Tasche ist vom Boden ausgehend in einem Stück gearbeitet. Zuerst wird der Boden, dann der Taschenkörper in Rd gehäkelt, zuletzt werden die Henkel in R angefügt.

TASCHENBODEN
Mit Rot 30 Lm + 1 Wende-Lm anschlagen. Die 1. fM in die 2. M ab Nadel, dann in jede weitere Lm 1 fM häkeln = 30 fM. Insgesamt 24 R fM in Rot häkeln, dabei jede R mit 1 Steige-Lm beginnen.

TASCHENKÖRPER
Weiter in Rd häkeln: Nach 1 Steige-Lm und 29 fM für die erste lange Seite 3 fM in die 30. M (= Eck-M) häkeln. Aus der kurzen Seite 23 fM heraushäkeln und in die Eck-M wiederum 3 fM arbeiten. Die 2. lange Seite und die 2. kurze Seite identisch häkeln = 116 M. Die Rd mit 1 Km in die Steige-Lm schließen. Jede weitere Rd mit 1 Steige-Lm beginnen und mit 1 Km beenden. Die Streifenfolge ab der 1. Rd einhalten und insgesamt 52 Rd häkeln. Danach den Faden abmaschen.

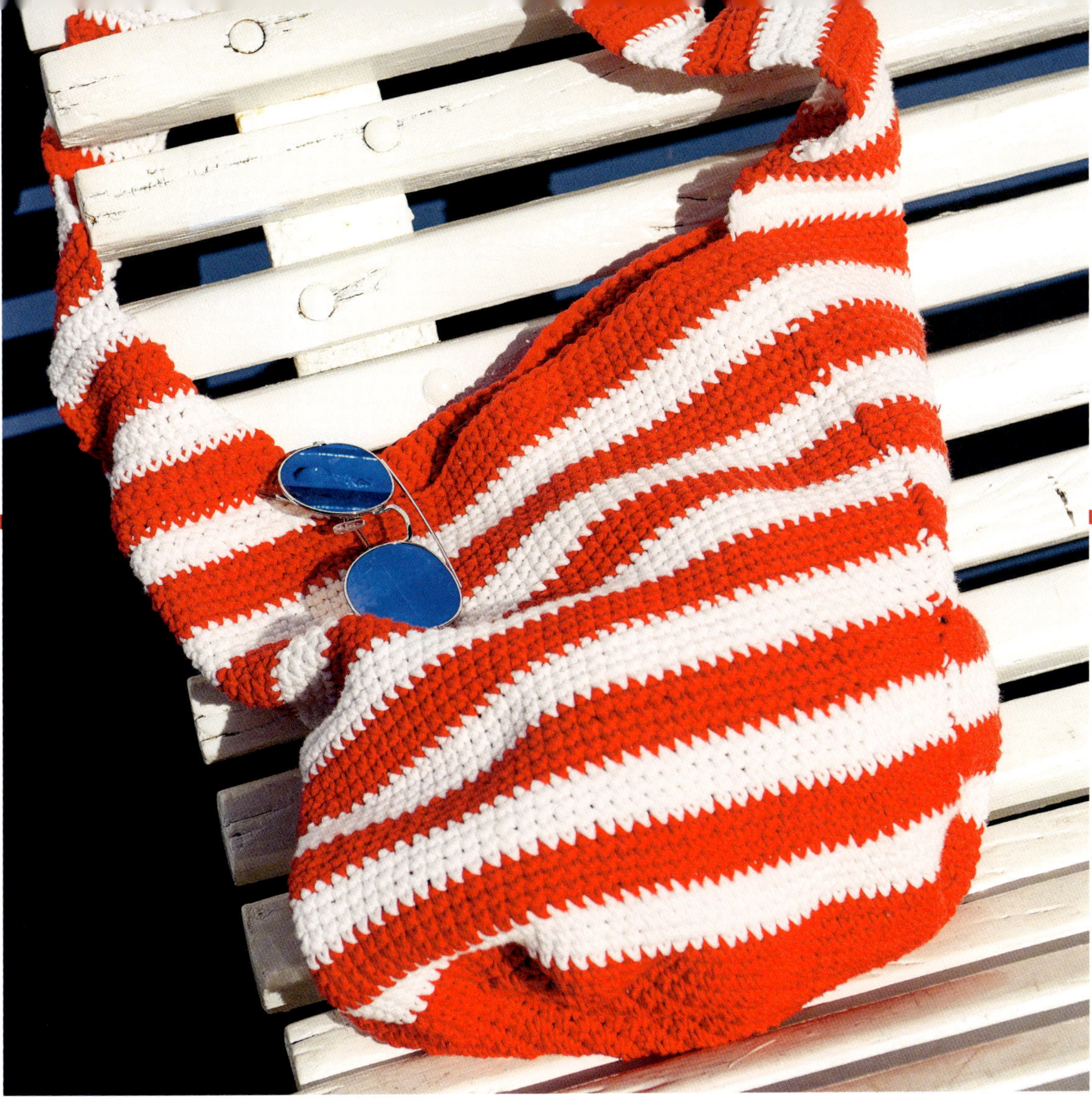

HENKEL

Die Henkel in R häkeln, dabei jede R mit 1 Wende-Lm beginnen. Den Faden in Weiß über der 45. M anschlingen und über die 28 folgenden M fM häkeln. Arbeit wenden, die 1. M überspringen und 27 fM häkeln, Arbeit wenden, die 1. M überspringen und 26 fM häkeln.

In dieser Weise fortfahren, bis nur noch 9 M übrig sind. Die Streifenfolge dabei einhalten. Nach insgesamt 22 Streifen à 4 R = 88 R in den folgenden 8 R jeweils wieder die 1. M überspringen. Den Faden abschneiden und durch die letzte M ziehen. Den **2. Henkel** über der 103.–140. M identisch häkeln.

ZU GUTER LETZT

Alle Fäden vernähen. Die Henkel oben zusammenknoten, dabei die individuell passende Länge einstellen. Magnetverschluss innen mittig am Vorderteil sowie am Rückenteil in ca. 3 cm Abstand vom oberen Rand anbringen.

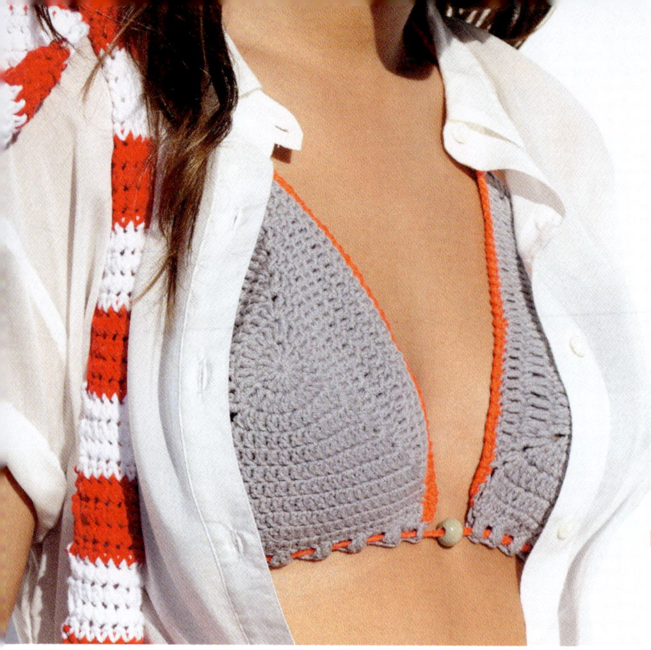

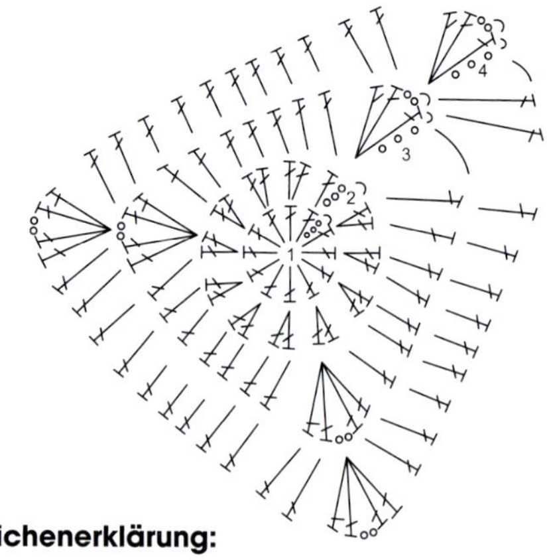

Zeichenerklärung:

° = Luftmasche

Ŧ = Stäbchen

⌒ = Kettmasche

Hinweis: Obwohl die Baumwolle waschmaschinenfest ist, eignet sich das Bikini-Oberteil nicht zum Schwimmen, da das Material im nassen Zustand am Körper nicht die Form behält.

BH-GRÖSSE

70–75A

MATERIAL

Lana Grossa **Elastico** (96 % Baumwolle, 4 % Polyester, Lauflänge ca. 160 m/50 g)
50 g in Hellgrau **(Fb 70)** und ein Wollrest in Kürbis **(Fb 76)**
Häkelnadel Nr. 2,5
3 graue Holzperlen mit 15 mm Durchmesser

MASCHENPROBE

Mit Nadel Nr. 2,5 sehr fest und dicht in Stb gehäkelt, ergeben 25 M und 12 R 10 cm x 10 cm.

MUSTER

Grundmuster
Stäbchen in Runden.

Randmuster
Krebsmaschen in Rd (fM, aber in entgegen gesetzter Häkelrichtung von links nach rechts häkeln).

ANLEITUNG

1. Rd: In einen Magic Ring beginnend mit 3 Steige-Lm 12 Stb häkeln. Die Rd mit 1 Km in die 3. Steige-Lm schließen.
2. Rd: 3 Steige-Lm als Ersatz für das 1. Stb und 1 Stb in die 1. M häkeln, dann in jedes weitere Stb 2 Stb arbeiten. Die Rd mit 1 Km schließen.
3. Rd: Nun den Übergang zum Dreieck häkeln. Hierzu **mit einer Eckgruppe beginnen und wie folgt arbeiten:** 3 Steige-Lm und 1 Stb in die 1. M, 2 Lm und 2 Stb in dieselbe M. Dann 2 x * 7 Stb, in das folgende Stb 2 Stb, 2 Lm, 2 Stb * wiederholen und abschließend noch 7 Stb häkeln. Die Rd mit 1 Km in die 3. Steige-Lm und 2 Km bis zum Lm-Bogen beenden. Die „1. Seite" bildet später die untere Kante des Cups, die 2. und 3. Seite entsprechen den beiden Seitenlinien des Cups.

Alles gut *verstaut*

Bikini-Top

4. Rd: Wie die 3. Rd häkeln, statt 7 Stb sind die Seiten nun jedoch 11 Stb lang.
5. Rd: Wie die 3. Rd häkeln mit 15 Stb pro Seite.
6. Rd: Wie die 3. Rd häkeln mit 19 Stb pro Seite.
7. Rd: Wie die 3. Rd häkeln mit 23 Stb pro Seite.
8. Rd: Wie die 3. Rd häkeln mit 27 Stb pro Seite.
9. Rd: Wie die 3. Rd häkeln mit 31 Stb pro Seite.
10. Rd: Wie die 3. Rd häkeln, abweichend an der 1. Seite 14 Stb häkeln, dann 3 Stb zusammen abmaschen und nochmals 14 Stb häkeln (= 29 Stb). Die 2. und 3. Seite wie oben beschrieben mit 31 Stb pro Seite arbeiten.

Nun die untere Kante des Cups häkeln.

1. R: 3 Steige-Lm, 1 Stb um den Lm-Bogen, 16 Stb, 3 Stb zusammen abmaschen, 16 Stb, 2 Stb um den Lm-Bogen = 37 M.
2. R: 3 Steige-Lm, dann 1 Stb in jedes Stb und die mittleren 3 Stb wieder zusammen abmaschen = 35 M.
3. R: 3 Steige-Lm sowie 1 Stb in die 1. M, * 1 Lm, 1 M übergehen und in die folgende M 2 Stb * bis zum Reihenende wiederholen. So entsteht ein kleiner Hohlsaum, durch den später das Bindeband gezogen wird. Den Faden abmaschen.

UMHÄKELN

Nun in einer Hin-R die seitlichen Kanten des Cups umhäkeln. Hierzu den Faden in Kürbis an der rechten Seite unten anschlingen und zunächst die rechte Seite umhäkeln. An der Spitze um den Lm-Bogen 1 fM, 2 Lm, 1 fM arbeiten, dann die linke Seite beenden. Danach noch 1 Rück-R Krebs-M häkeln. Die Arbeit beenden.

BINDEBÄNDER

Mit Nadel Nr. 2,5 und doppeltem Faden in Kürbis und 2 etwa 70 cm lange Bänder und 1 ca. 150 cm langes Band aus Lm häkeln. Die beiden kurzen Bänder an den Cup-Spitzen befestigen, je 1 Holzperle auffädeln und über den Ansatz schieben. Das lange Band durch die beiden unteren Hohlsäume fädeln und die 3. Perle zwischen den Cups mit auffädeln.

ZU GUTER LETZT

Alle Fäden vernähen.

Frische Brise

Drachenmuster nennt man dieses außergewöhnliche und großflächige Muster. Was mag die Inspiration gewesen sein? Der Ausblick auf den bevorstehenden Herbst, kräftige Winde, die den Papierdrachen hoch in die Lüfte steigen lassen oder vielleicht eher die Rückenzacken eines Fabelwesens? Oder hat man gar über der Mathematik-Hausaufgabe des Nachwuchses gebrütet?

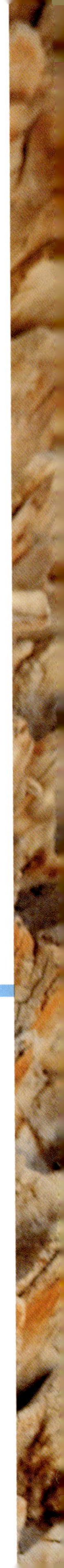

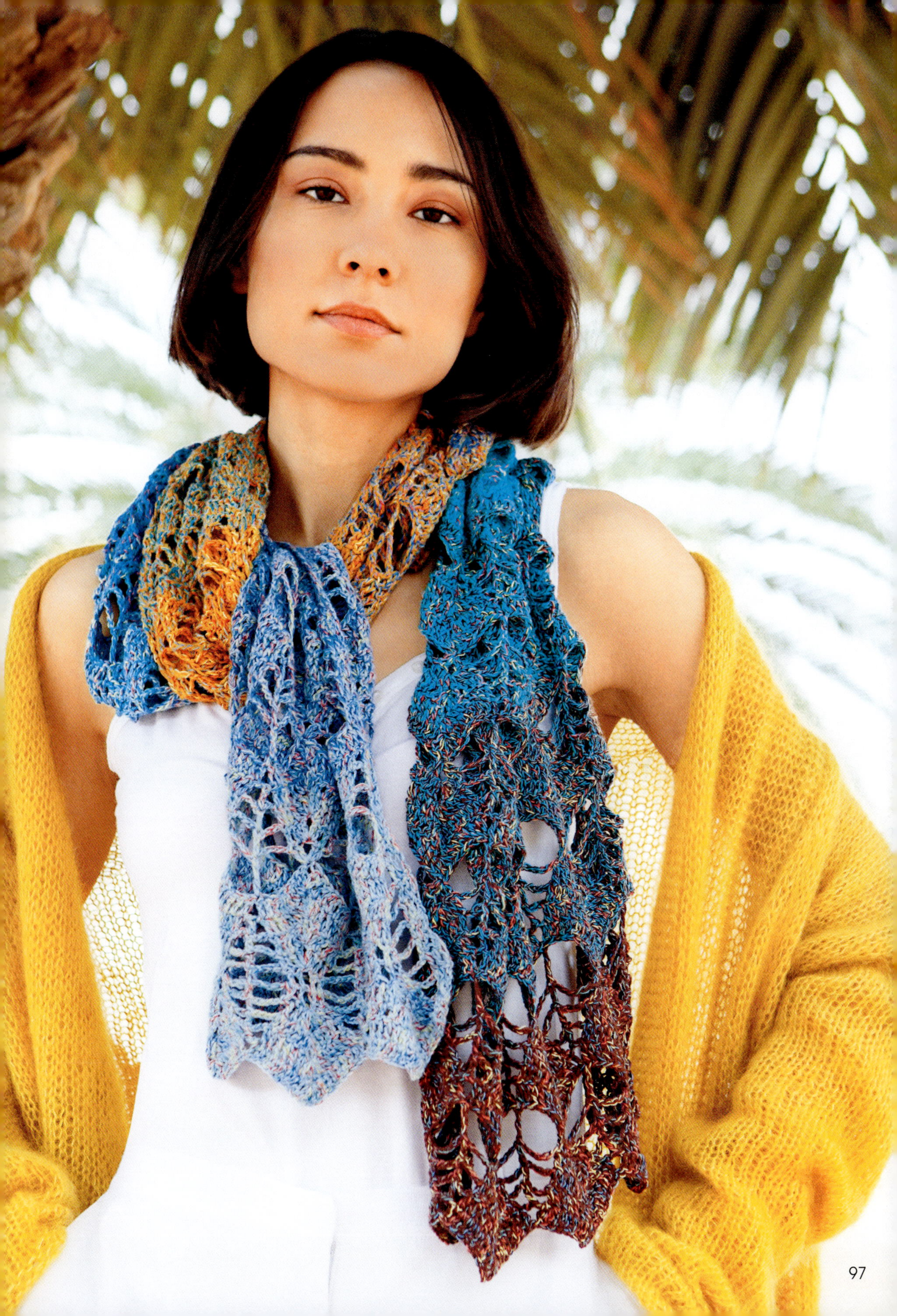

Drachenmuster

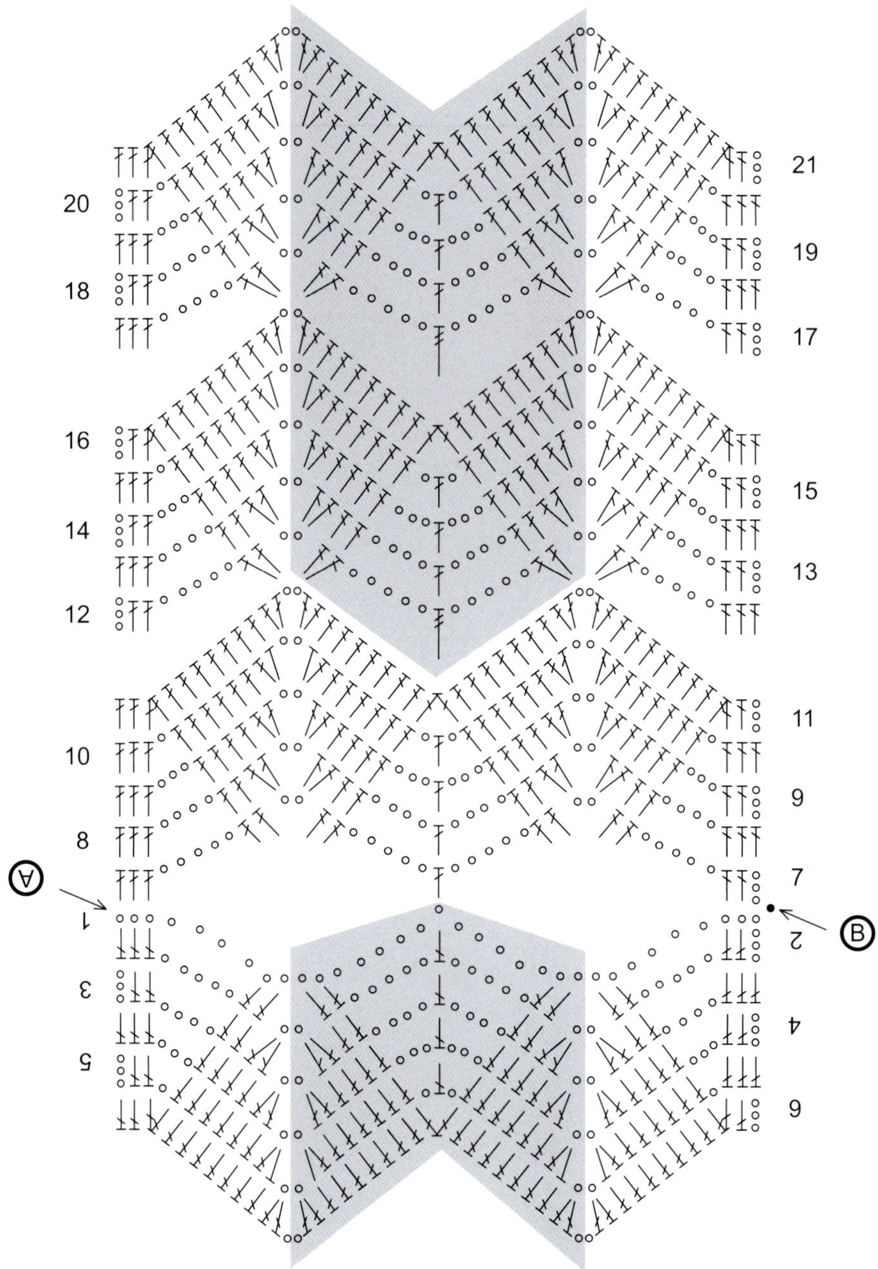

Zeichenerklärung:

- • = Kettmasche
- ∘ = Luftmasche
- Stäbchen-Symbol = Stäbchen
- Doppelstäbchen-Symbol = Doppelstäbchen

Frische Brise

Schal mit Drachenmuster

GRÖSSE

190 cm x 38 cm (Länge x Breite)

MATERIAL

Lana Grossa **Twisted Summer Shades** (100 % Baumwolle, Lauflänge ca. 800 m/200 g)

200 g in Rot/Türkis/Goldbraun/Graublau/Hellblau **(Fb 1101)**

Häkelnadel Nr. 3,5

MASCHENPROBE

Mit Nadel Nr. 3,5 in Stb gehäkelt, ergeben 22 M und 10 R 10 cm x 10 cm.

MUSTER

Drachenmuster

Siehe Häkelschrift. Die 12.–21. R wiederholen

ANLEITUNG

Die Abbildung der Häkelschrift zunächst um 180 Grad drehen. Bei „A" beginnen und 78 Lm + 3 Wende-Lm anschlagen (= 1. R). In der 2. R das 1. Stb in die 4. Lm ab Nadel arbeiten. 1 x den Bereich vor dem grau gekennzeichneten Rapport häkeln, dann 4 x den grau markierten Rapport arbeiten und die R mit den M nach dem grauen Bereich beenden. 1 x die 1.–6. R arbeiten. Danach die Arbeit beenden und den Faden abschneiden. Nun die Abbildung wieder um 180 Grad drehen und den Faden bei „B" mit 1 Km anschlingen. 1 x die 7.–11. R häkeln. Anschließend die 12.–21. R solange wiederholen, bis das Knäuel komplett verbraucht ist. Für die Symmetrie des Schals die Arbeit möglichst nach einer 16. oder 21. R beenden.

FERTIGSTELLEN

Alle Fäden vernähen. Den Schal spannen, anfeuchten und trocknen lassen oder leicht dämpfen.

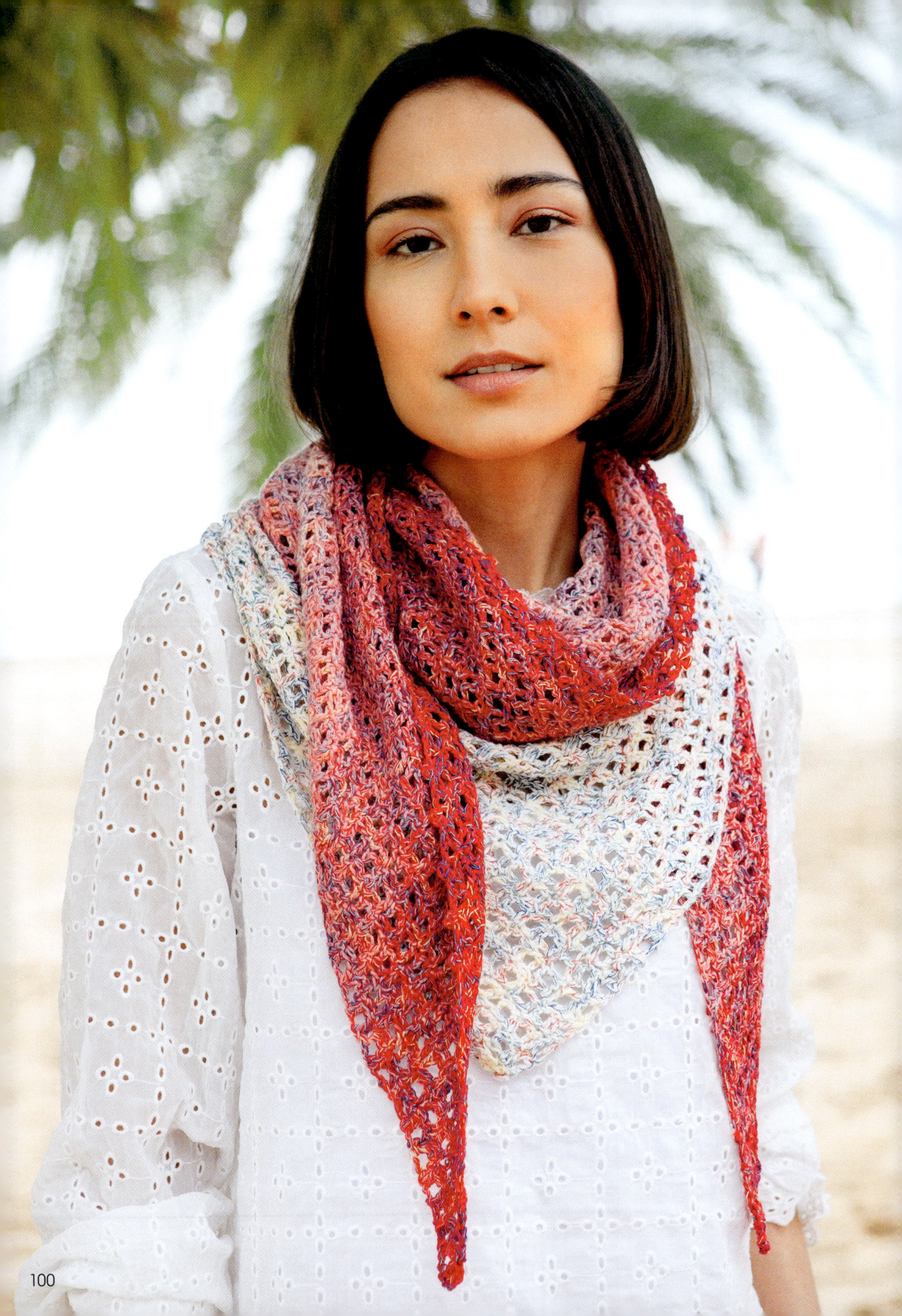

Süßer *Beerenmix*

Wie Himbeeren mit Sahne sieht der hübsche Farbverlauf aus und lässt uns an einen warmen, trägen Nachmittag auf der Terrasse denken, bewaffnet mit Häkelzeug, einem kühlen Smoothie und dem Ausblick auf ein gaaaanz langes, erholsames Wochenende. Spätestens nach 3 Wochenenden dieser Art ist das Tuch dann auch fertig.

Süßer Beerenmix

Dreieckstuch im Quadratmuster

GRÖSSE

190 cm x 70 cm (lange Seite x Höhe in der vorderen Mitte)

MATERIAL

Lana Grossa **Twisted Summer Shades** (100 % Baumwolle, Lauflänge ca. 800 m/ 200 g) **200 g** in Natur/Blau/Lachs/Dunkelrot **(Fb 1104)**

Häkelnadel Nr. 3,5

MASCHENPROBE

Mit Nadel Nr. 3,5 in Stb gehäkelt, ergeben 22 M und 10 R 10 cm x 10 cm.

MUSTER

Kleines Quadratmuster

Siehe Häkelschrift. Dabei wird pro R 1 Gruppe aus 3 Lm, 1 Stb, 1 Lm und 1 Stb ergänzt.

ANLEITUNG

Das Tuch wird an der Spitze begonnen und in Richtung langer Seite gehäkelt.

Das Knäuel von außen mit Natur beginnen. 6 Lm anschlagen und das 1. Stb in die 4. Lm ab Nadel arbeiten. Danach 1 M mit 1 Lm übergehen und 1 Stb in die 1. Lm der Anschlagskette häkeln (= 1. R).

Ab der 2. R weiter nach Häkelschrift arbeiten und das Knäuel nahezu komplett verbrauchen. Die letzte R bildet die Reihe „X" in der Häkelschrift. Sie wird 1 x als Abschluss gearbeitet. Danach die Arbeit beenden.

ZU GUTER LETZT

Alle Fäden vernähen. Das Tuch spannen, anfeuchten und trocknen lassen oder leicht dämpfen.

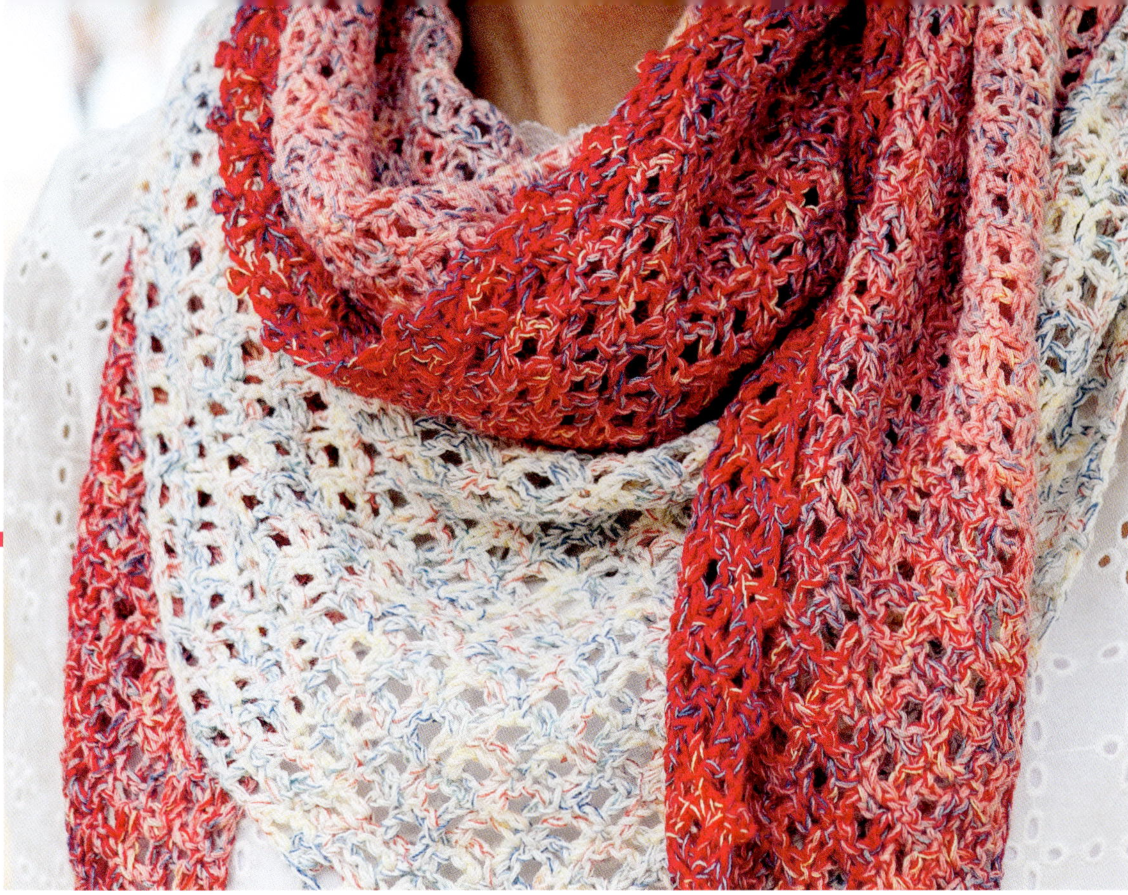

Kleines Quadratmuster

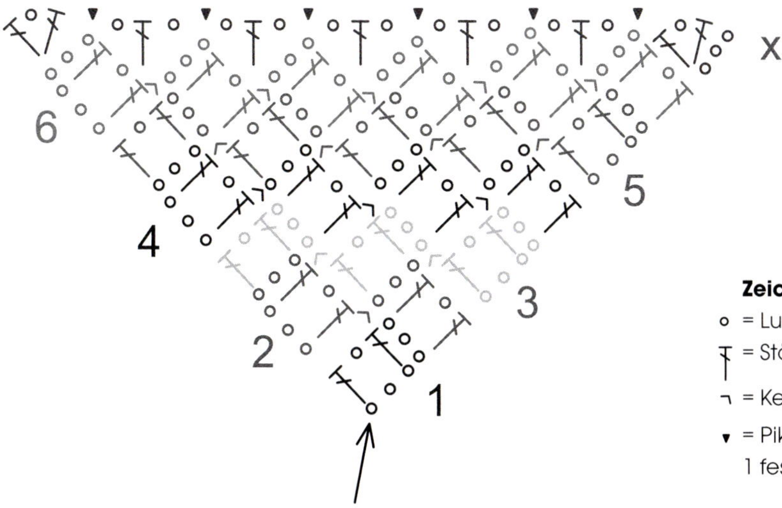

Zeichenerklärung:

- ∘ = Luftmasche
- ⊤ = Stäbchen
- ⌐ = Kettmasche
- ▾ = Pikot aus 3 Luftmaschen und 1 festen Masche

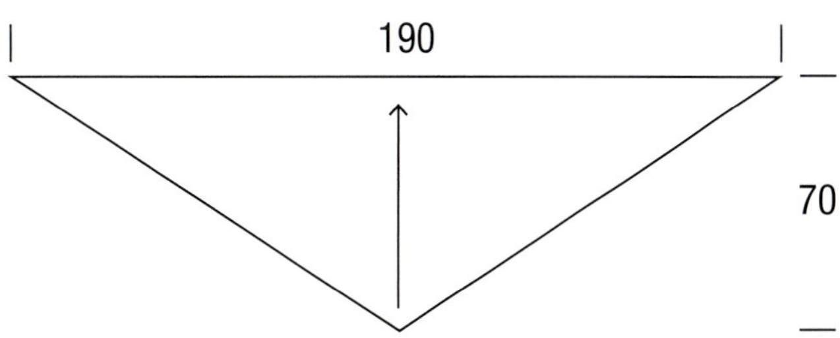

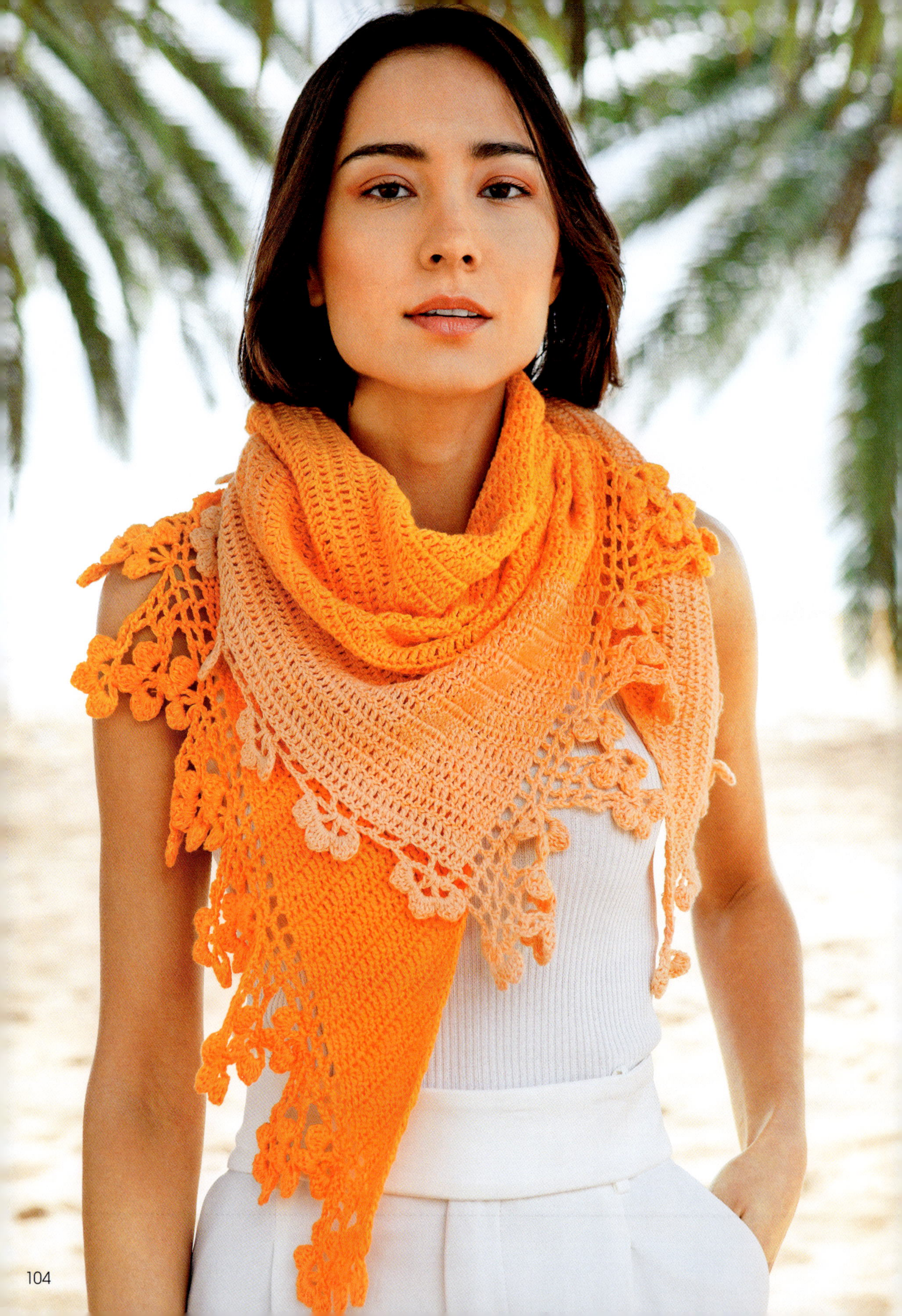

Kunstwerk in *Gelb*

Hätte Monet häkeln können -vielleicht konnte er es ja, wer weiß – hätte er sicher Tücher mit Blumen gehäkelt. Dieses Tuch besticht durch seine aufwendigen Blumenkanten, die so hübsch die Ränder säumen und jedes noch so schlichte Shirt zum Modehighlight adeln.

Kunstwerk in *Gelb*

Tuch mit Blumenkante

GRÖSSE
105 cm x 170 cm (Breite an der oberen Kante x Länge linker Rand)

MATERIAL
Lana Grossa **Shades of Cotton** (100 % Baumwolle, Lauflänge ca. 800 m/200 g)
200 g in Lachs/Dottergelb/Orange/Kürbis **(Fb 112)**
Häkelnadel Nr. 3,5

MASCHENPROBE
Mit Nadel Nr. 3,5 in Stb gehäkelt, ergeben 19 M und 11 R 10 cm x 10 cm.

MUSTER
Grundmuster
Stäbchen

Blumenkante
Nach Häkelschrift 1 arbeiten. Es sind alle R gezeichnet. Nach der 7. R die 8.–13. R wiederholen und dabei das Zunahme-Schema an der linken Seite fortsetzen. Gleichzeitig ab der 8. R in jeder 2. R wie eingezeichnet 2 Stb zusammen abmaschen. Die Blumenkante entsteht am rechten Rand. Am linken Rand werden für die Schrägung M zugenommen.

ANLEITUNG
In einen Magic-Ring beginnend mit 6 Lm 3 Stb häkeln (= 1. R der Häkelschrift). Nach Häkelschrift 1 fortfahren und 1 x die 1.–7. R arbeiten, danach 14 x die 8.–13. R arbeiten. Den Faden abschneiden und bei „A" wieder anschlingen (siehe Häkelschrift 2). Nach Häkelschrift 2 die obere Kante behäkeln. Die Arbeit beenden.

ZU GUTER LETZT
Alle Fäden vernähen. Das Tuch entsprechend der Schnittvorlage spannen, anfeuchten und trocknen lassen.

Häkelschrift 1

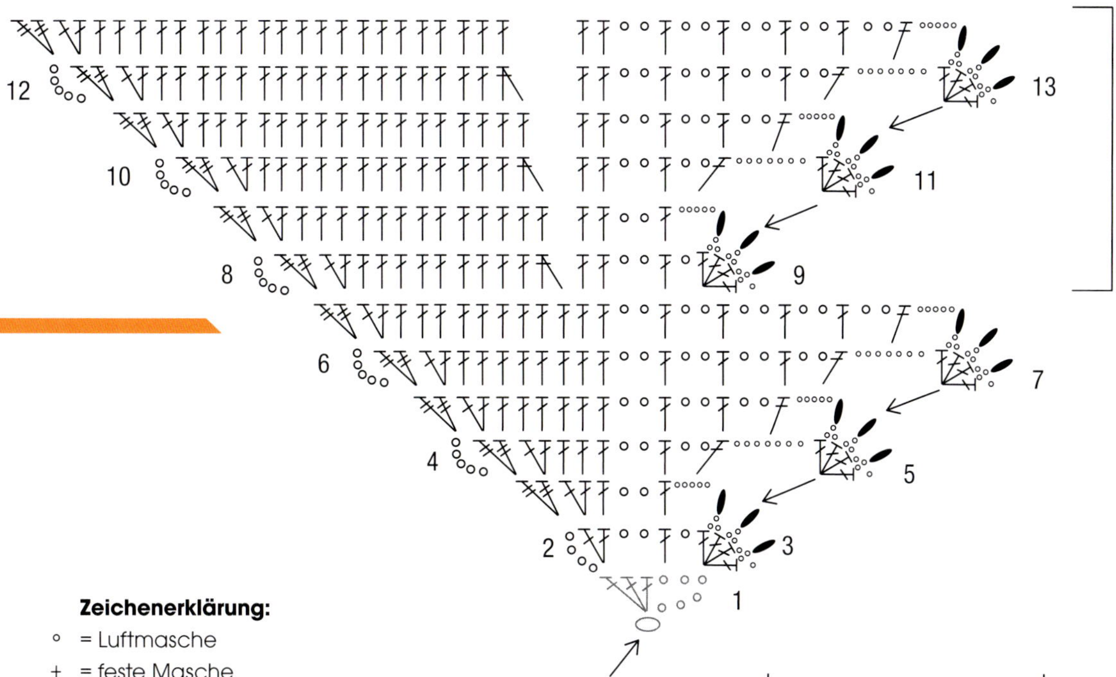

Zeichenerklärung:

∘ = Luftmasche

+ = feste Masche

= Halbstäbchen

= Stäbchen

= Doppelstäbchen

= Gruppe siehe Detailzeichnung „Blütenblatt" (= um den Luftmaschenbogen 1 feste Masche, 1 Halbstäbchen, 1 Stäbchen, 1 Doppelstäbchen, 1 Stäbchen, 1 Halbstäbchen, 1 feste Masche)

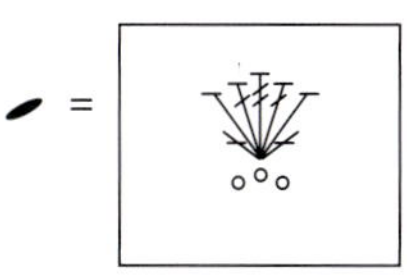

= Blütenblatt

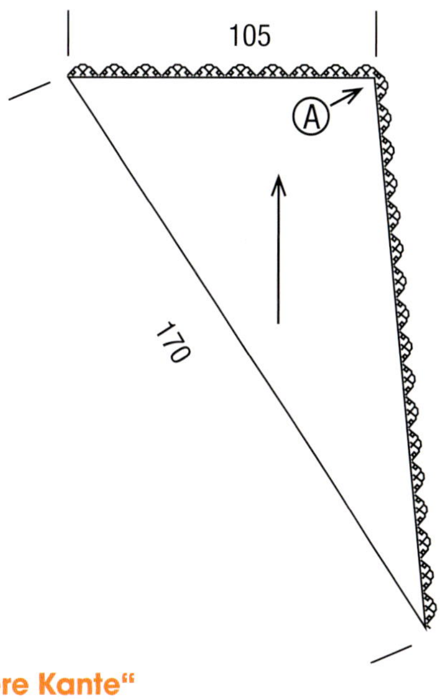

Häkelschrift 2 „Obere Kante"

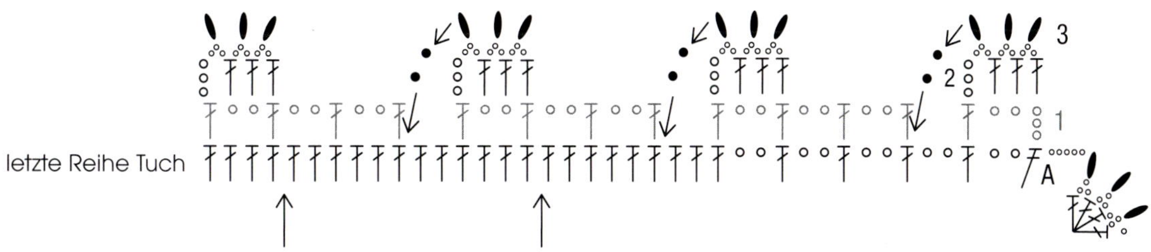

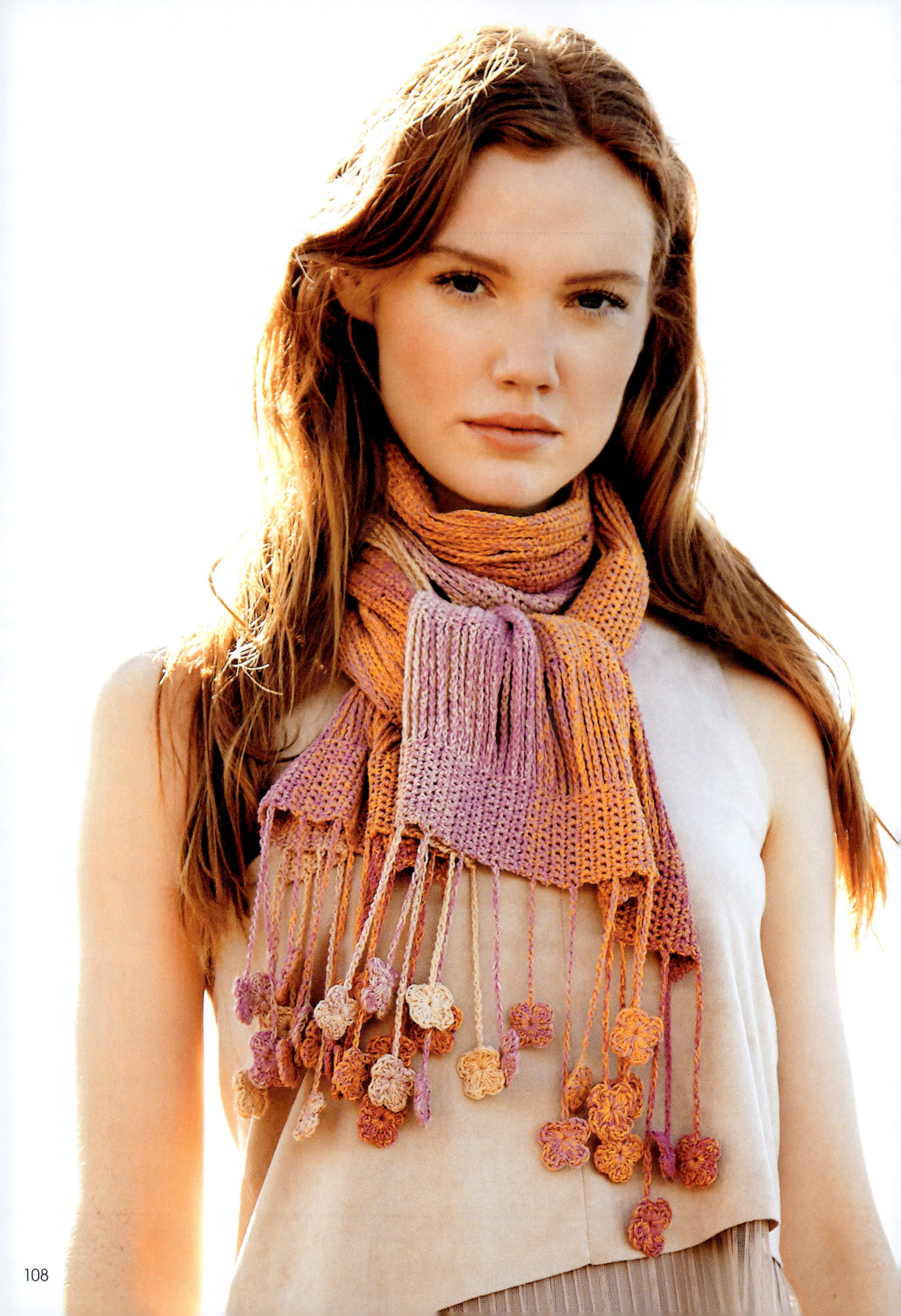

Kleine Glücksbringer

Minikleine Kleeblätter zieren die Querseiten des Schals. Ausgeklügelt quer gehäkelt werden sie gleich Reihe für Reihe mit angehäkelt, sodass uns Reihe für Reihe das Glücksgefühl überwältigt. Luftmaschen, feste Maschen und Stäbchen, mehr braucht man nicht zu beherrschen und wird belohnt mit einem ganz besonderen Lieblingsstück.

Kleine Glücksbringer

Schal mit Kleeblattfransen

GRÖSSE
35 cm x 175 cm (Breite x Länge) plus Kleeblatt-Fransen

MATERIAL
Lana Grossa **Shades of Cotton Linen** (70 % Baumwolle, 30 % Leinen, Lauflänge ca. 840 m/200 g) **200 g** in Erika/Dottergelb/Rosa/Vanille **(Fb 712)**
Häkelnadel Nr. 3,0

MASCHENPROBE
Mit Nadel Nr. 3,0 in fM gehäkelt, ergeben 20 M und 25 R 10 cm x 10 cm.

MUSTER
Kettenmuster
Im Wechsel * 10 fM, 15 Lm * häkeln und die R mit 10 fM beenden. Jede R mit 1 Wende-Lm beginnen. Die Lm ersetzt nicht die 1. M der R, sondern wird jeweils zusätzlich gehäkelt.

Kleeblätter
Am Anfang der R: In einen Magic Ring 4 x * 1 fM, 1 HStb, 3 Stb, 1 HStb * häkeln. Die Rd mit 1 Km in die 1. fM beenden. Für den Stiel im Wechsel entweder 15, 20 oder 25 Lm häkeln.
Am Ende der R: 15, 20 oder 25 Lm häkeln. 3 Lm für den Ring häkeln. Die letzten 3 Lm mit 1 Km in die 4. Lm ab Nadel zu einem Ring schließen und ein Kleeblatt wie zwischen * und * beschrieben hineinhäkeln. Die Rd mit 1 Km in die 1. fM schließen.

ANLEITUNG
Der Schal wird quer gehäkelt. Die neu angelegten Fäden an der Rückseite der R mit einhäkeln, so entfällt das Vernähen. Die Fadenenden nach dem Einhäkeln knapp abschneiden.

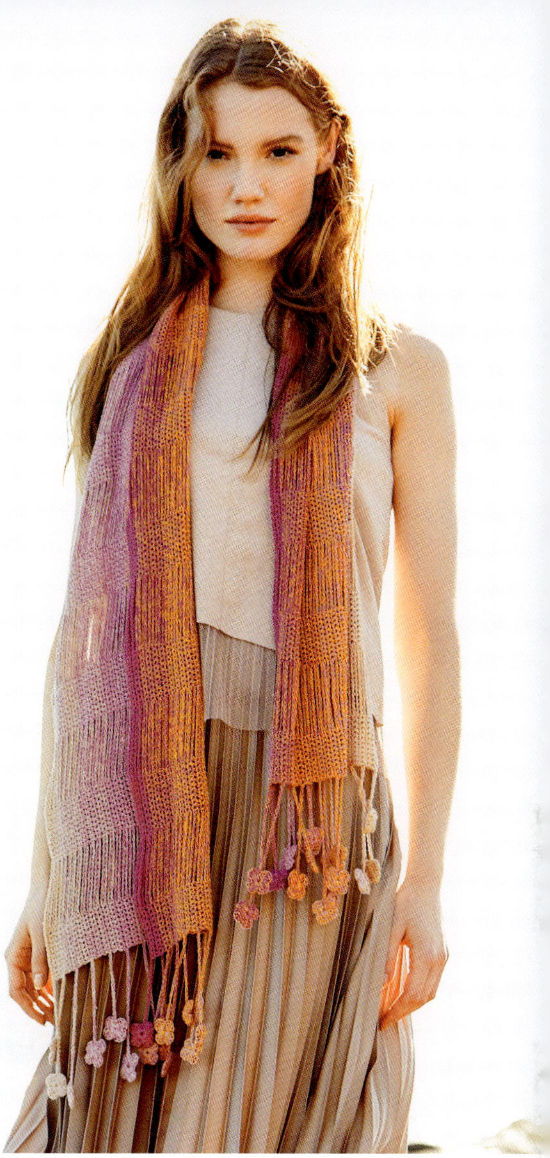

1. R: 1 Kleeblatt mit einem aus 20 Lm bestehenden Stiel häkeln, wie beschrieben. Weiter für den Schal 310 Lm häkeln. Am Ende der R für ein Kleeblatt 20 Lm für den Stiel und 3 Lm für den Ring häkeln. Ein Kleeblatt in den Ring häkeln, wie beschrieben.
2. R: Den Faden abschneiden und an der letzten Lm vor dem Stiel wieder anschlingen. 12 x * 10 fM, 15 M mit 15 Lm übergehen *, 10 fM.
3. R: 1 Wende-Lm, 12 x * 10 fM, 15 Lm *, 10 fM. Die fM werden immer über den fM und die Lm-Ketten jeweils über den Lm-Ketten der Vor-R gearbeitet.
4.–5. R: Wie die 3. R arbeiten. Danach den Faden abschneiden.
6. R: Am Anfang und am Ende der R 1 Kleeblatt mit einem Stiel aus 15 Lm häkeln. Zwischen den Kleeblättern wie die 3. R häkeln.
7.–10. R: Wie die 3. R arbeiten. Vor der folgenden R den Faden abschneiden.
11. R: Am Anfang und am Ende der R 1 Kleeblatt mit einem Stiel aus 25 Lm häkeln. Zwischen den Kleeblättern wie die 3. R häkeln.
12.–15. R: Wie die 3. R häkeln. Vor der folgenden R den Faden abschneiden.
16. R: Am Anfang und am Ende der R 1 Kleeblatt mit einem Stiel aus 20 Lm häkeln. Zwischen den Kleeblättern wie die 3. R häkeln.
17.–20. R: Wie die 3. R arbeiten. Vor der folgenden R den Faden abschneiden.
Die 6.–20. R so oft wiederholen, bis das Garn verbraucht ist. Für die Symmetrie sollte die letzte R eine 6., 11., oder 16. R sein.

ZU GUTER LETZT

Den Schal spannen und unter feuchten Tüchern trocknen lassen. Alle Fäden, die noch nicht eingehäkelt wurden, vernähen.

Kreatives Strandgut

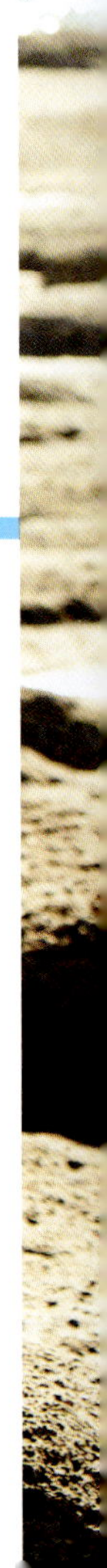

Immer gut, wenn man bei Strandspaziergängen einen praktischen kleinen Beutel dabei hat. Man weiß ja, nie, was einem begegnet: Treibholz zum Basteln, Muscheln zum Auffädeln, Steine zum Bemalen, Sand für den Zengarten oder das Handtuch, das wir am Tag zuvor vergessen haben und das wie durch ein Wunder noch an Ort und Stelle liegt.

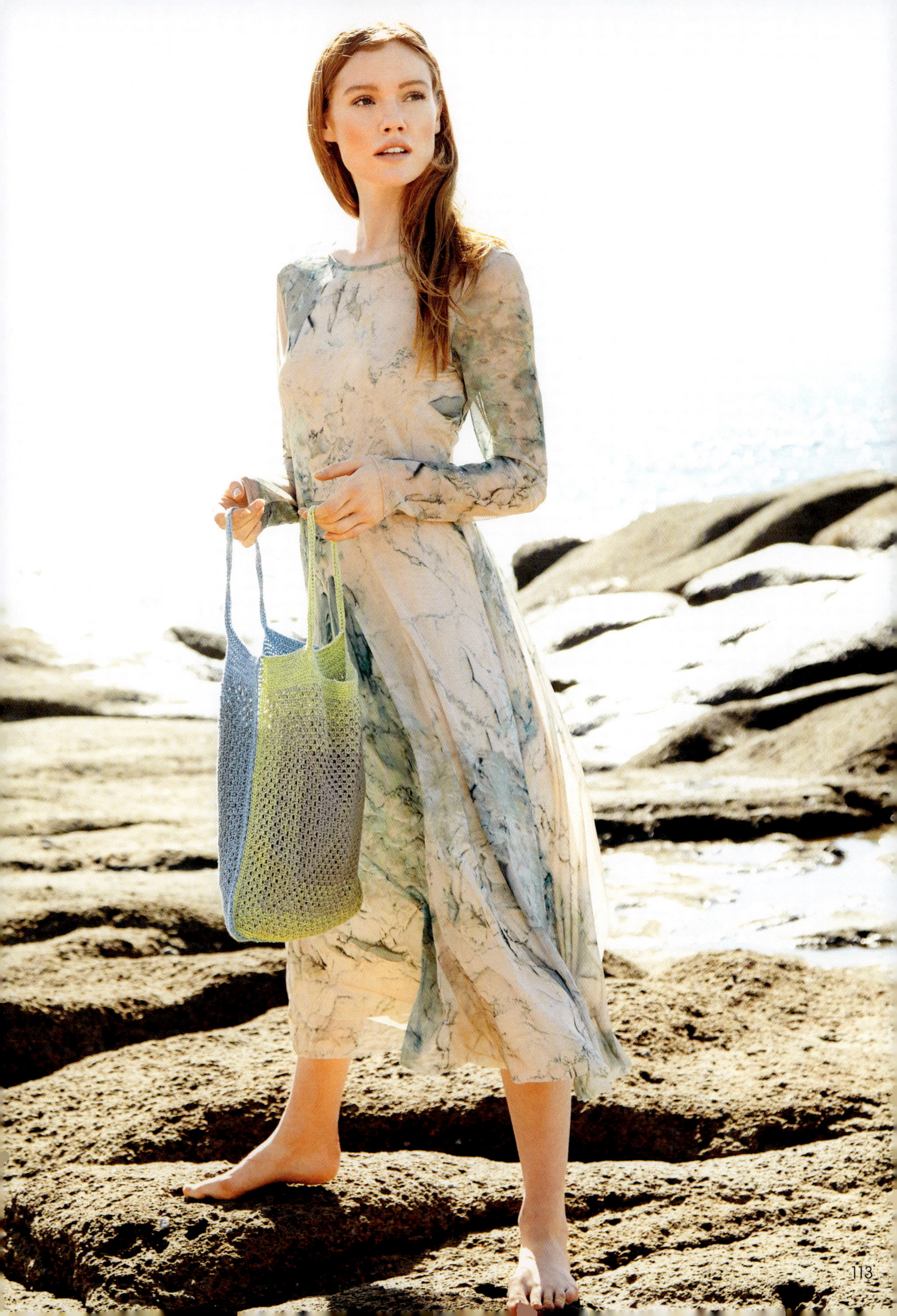

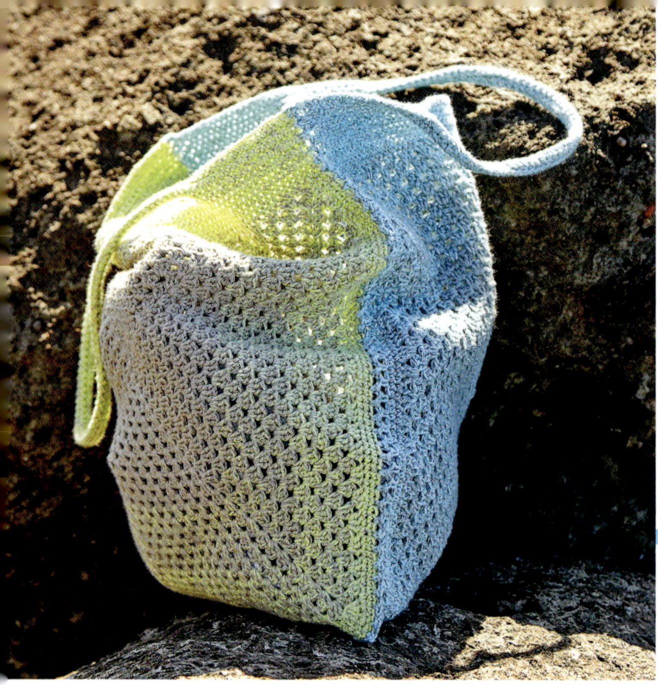

GRÖSSE

32 cm x 35 cm (Breite x Höhe)

MATERIAL

Lana Grossa **Shades of Cotton** (100 % Baumwolle, Lauflänge ca. 800 m/200 g)
200 g in Mittelgrau/Gelb/Türkis/Dunkelgrau **(Fb 118)**
Häkelnadel Nr. 3,0

MASCHENPROBE

Mit Nadel Nr. 3,0 im Grundmuster gehäkelt, ergeben 8 Stb-Gruppen in der Breite und 16 R in der Höhe 10 cm x 10 cm.

MUSTER

Granny-Squares

Für die Quadrate werden Gruppen zu je 3 Stb in Rd gearbeitet. Details siehe Häkelschrift. Die Stb-Gruppen jeweils zwischen 2 Stb-Gruppen der Vor-Rd häkeln.

Muster für Blende und Henkel

Feste Maschen.

ANLEITUNG

Es sollte sehr fest gehäkelt werden. Gegebenenfalls eine halbe Nadelstärke kleiner wählen.

VORDERSEITE

Das Knäuel von außen beginnen und 1 Granny-Square nach Häkelschrift anfertigen. Die Häkelschrift zeigt 5 Rd. Nach der 5. Rd die Arbeit nach dem Schema fortsetzen und insgesamt 23 Rd arbeiten. Das Quadrat mit 2 Rd fM umhäkeln, dabei in der 1. Rd in jedes Stb 1 fM häkeln und um die Lm an den Ecken jeweils 3 fM häkeln. In der 2. Rd in jede fM 1 fM arb. An den Ecken jeweils 3 fM in die mittlere der 3 Eck-M häkeln. Für die obere Blende weiter in R häkeln.

BLENDE

Über 76 fM einer Seite nun weiter in R häkeln. Jede R mit 1 Wende-Lm beginnen. Die Wende-Lm ersetzen keine M und werden zusätzlich gehäkelt. 6 R fM häkeln. In der 7. R den Henkel arbeiten.

Tasche

HENKEL

7. R: 1 Wende-Lm, 19 fM, die folgenden 38 fM mit 76 Lm übergehen, 19 fM.

8. R: In jede fM 1 fM und in jede Lm 1 fM häkeln = 114 M.

9.–12. R: 114 fM.

13. R: Den Henkel zur Hälfte legen, sodass die letzte R und die Lm-Kette aufeinanderliegen. 19 fM häkeln, die übereinander liegenden M des Griffs mit fM zusammenhäkeln, 19 fM. Arbeit beenden.

RÜCKSEITE

Wie die Vorderseite häkeln, dafür das Knäuel von innen beginnen. Faden am Ende nicht abschneiden, sondern fortlaufend zum Verbinden von Vorder- und Rückseite verwenden.

ZU GUTER LETZT

Vorder- und Rückseite links auf links aufeinanderlegen und verbinden, indem im Zickzack gehäkelt wird. Dazu wie folgt arbeiten: 1 fM am Vorderteil, 1 Lm, 1 fM am Rückenteil, * 1 Lm, 1 fM in die zweitmögliche M am Vorderteil, 1 Lm, 1 fM in die zweitmögliche M am Rückenteil *. Sequenz zwischen den * wdh, bis die Teile komplett verbunden sind. Dann die Arbeit beenden und die Fäden vernähen.

Zeichenerklärung:

- (Symbol) = 3 Stäbchen um 1 Luftmasche oder in den Maschenzwischenraum
- T = Halbstäbchen
- o = Luftmasche

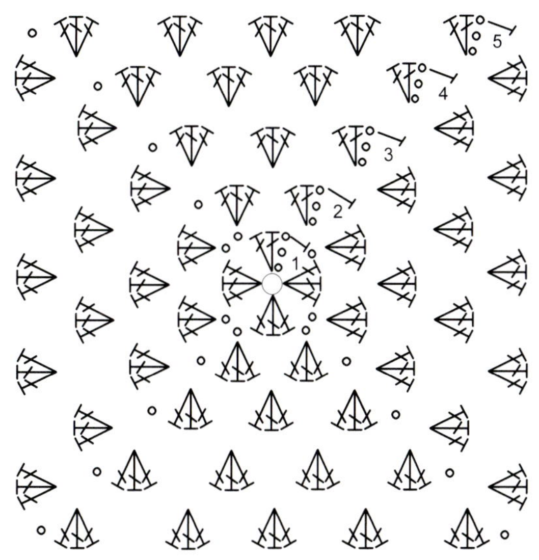

Komfortable *Hülle*

Am Meer muss man selbst an bedeckten Tagen die empfindliche Haut vor Wind, Salzwasser und Sonne schützen. Der locker durchbrochene Poncho legt sich wie ein Hauch von Nichts um die Schultern und sieht dazu mit seinem zarten Farbverlauf noch extravagant aus.

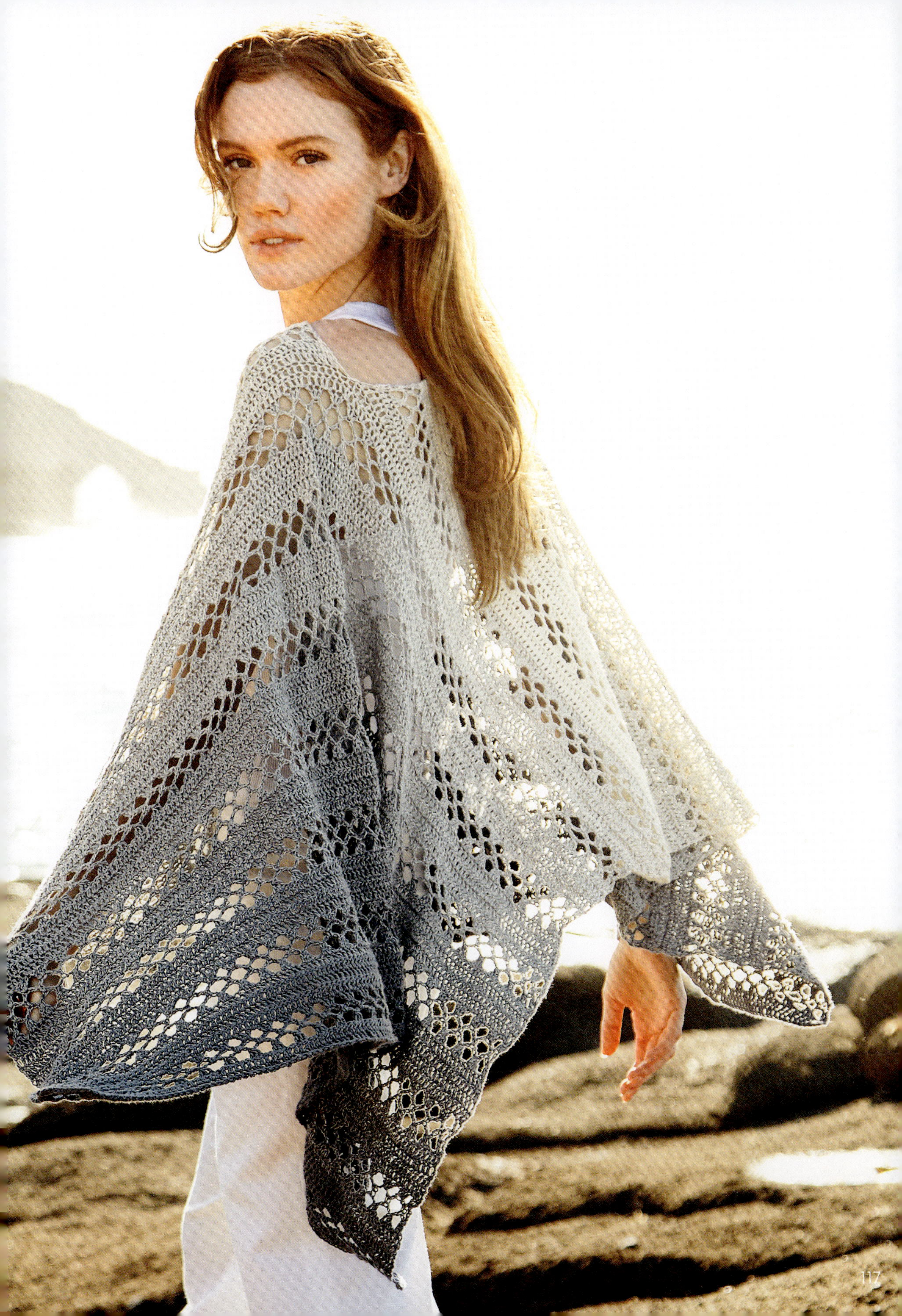

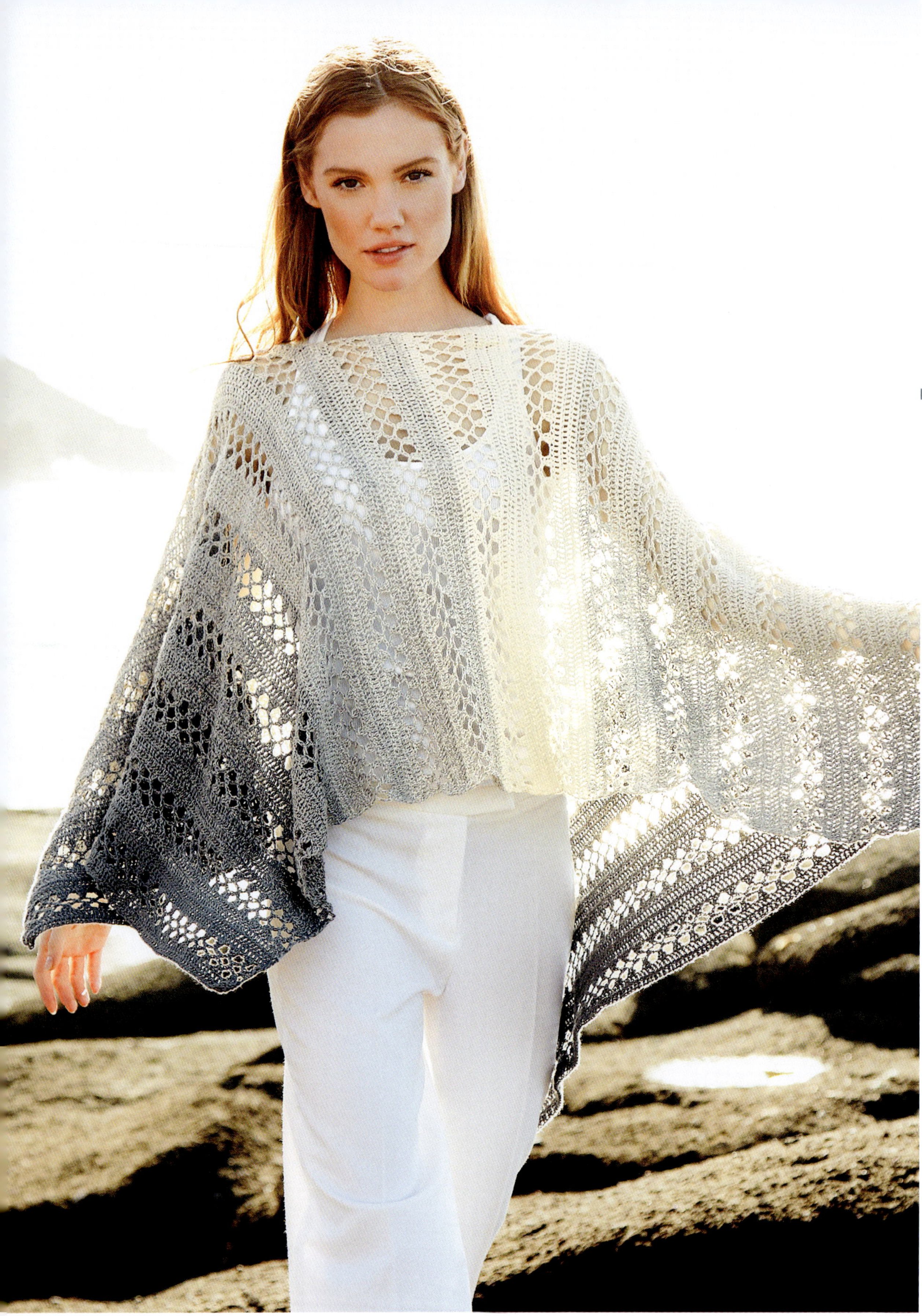

Komfortable *Hülle*

Poncho-Top

GRÖSSE
Einheitsgröße, Länge 62 cm

MATERIAL
Lana Grossa **Twisted Summer Shades** (100 % Baumwolle, Lauflänge ca. 800 m/ 200 g)
400 g in Ecru/Hell-/Dunkelgrau **(Fb 1003)**
Häkelnadel Nr. 3,5

MASCHENPROBE
Mit Nadel Nr. 3,5 in Stb gehäkelt, ergeben18 M und 10 R 10 cm x 10 cm.

MUSTER
Bordürenmuster
Siehe Häkelschrift. Es sind Hin- und Rück-R gezeichnet. Die ungeraden R bilden die Hin-R, die geraden R die Rück-R. Die 2.–15. R stets wiederholen.

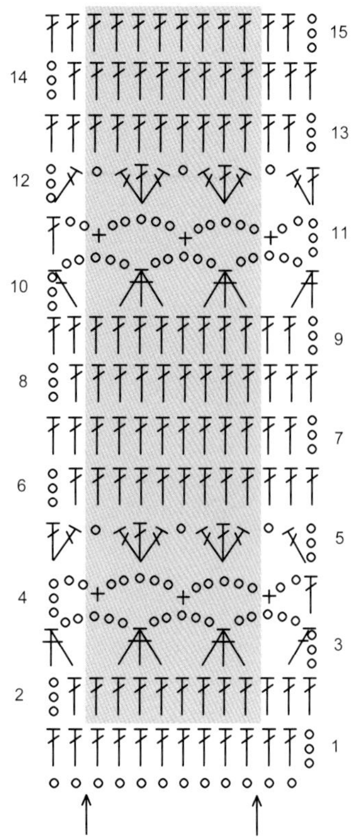

Zeichenerklärung:

∘ = Luftmasche

\+ = feste Masche

Ŧ = Stäbchen

= 3 Stäbchen zusammen abmaschen

= 3 Stäbchen um den darunterliegenden Luftmaschen-Bogen häkeln

ANLEITUNG

Der Poncho wird vom rechten Handgelenk zum linken Handgelenk in einem Stück gehäkelt.

START

Das 1. Knäuel von außen mit Dunkelgrau beginnen. 220 Lm + 3 Wende-Lm anschlagen und das 1. Stb in die 4. Lm ab Nadel arbeiten. Nach Häkelschrift über 221 M (= 220 M plus 3 Wende-Lm, die das 1. Stb jeder R ersetzen) arbeiten und 1 x die 1.–15. R, danach 2 x die 2.–15. R und 1 x die 2.–7. R häkeln = 49 cm Gesamthöhe.

Halsausschnitt

Den Poncho in 2 gleiche Hälften teilen und diese über die Länge des Halsausschnitts getrennt bearbeiten. Zuvor notieren, wie viele R mit einem Farbabschnitt gehäkelt wurden. Damit Vorder- und Rückenteil farblich gleichmäßig verlaufen, nur maximal so viele R häkeln, wie die ermittelte Reihenzahl ergab. Faden abschneiden und das Restknäuel 1 beiseitelegen. Mit dem nächsten Farbabschnitt ebenso verfahren und das Rest-Knäuel 2 ebenfalls beiseitelegen.

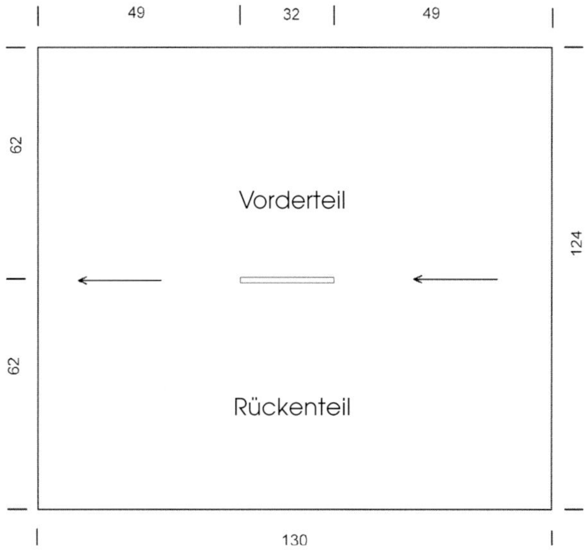

Für das spätere Vorderteil zunächst die rechte Seite über die 1.–109. M häkeln, dabei die 109. und 110. M zusammenhäkeln = 109 M. Das Muster mit der 8.–15. R fortsetzen. Im Anschluss noch 1 x die 2.–7. R häkeln = 65 cm Gesamthöhe. Nun das 2. Knäuel von innen mit Ecru beginnen und so viel Garn abwickeln, wie nötig ist, um den Farbverlauf spiegelverkehrt fortzusetzen. Die 8.–15. R fortsetzen und noch 1 x die 2.–7. R häkeln = 81 cm Gesamthöhe.

Für das spätere Rückenteil über die letzten 109 M mit den zuvor beiseitegelegten Knäueln ebenso häkeln, dabei an der zum Ausschnitt zeigenden Seite die 1. und 2. M zusammenhäkeln. Die mittlere M bleibt unbehäkelt. Beidseits des Ausschnitts werden somit 28 R gehäkelt.

ABSCHLUSS

In der folgenden R über alle M häkeln, dabei die vorher zusammengehäkelten M wieder zunehmen, indem aus 1 M 2 M gehäkelt werden. Die unbehäkelte Mittel-M durch 1 Lm ersetzen. Weiter über die ursprüngliche M-Zahl noch 49 R häkeln. Die Arbeit beenden.

ZU GUTER LETZT

Den Ausschnitt mit dem restlichen Garn mit 1 Rd fM umhäkeln.
Alle Fäden vernähen. Den Poncho spannen oder leicht dämpfen.
Das Poncho-Top quer zur Häkelrichtung tragen, der Halsausschnitt wird somit zum stylishen U-Boot-Ausschnitt, der die Schultern weitgehend frei lässt.

Grundkurs Häkeln

2 FESTE MASCHEN ABMASCHEN

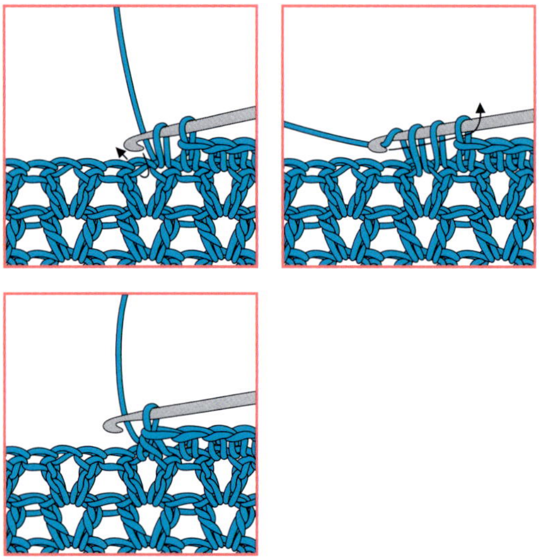

1 Die 1. feste Masche wie gewohnt beginnen: In die Masche der Vorreihe einstechen, den Faden um die Nadel legen und durchholen. Es liegen nun 2 Schlingen auf der Nadel. Diese jedoch nicht wie gewohnt abmaschen, sondern in die nächste Einstichstelle einstechen.

2 Den Faden um die Nadel legen und durchholen. Es liegen nun 2 Schlingen auf der Nadel. Nun den Faden wieder um die Nadel legen und durch alle 3 Schlingen ziehen, d.h. beide feste Maschen zusammen abmaschen.

3 Über den 2 Maschen der Vorreihe liegt nun nur noch 1 Masche.

ABNAHME AM RAND

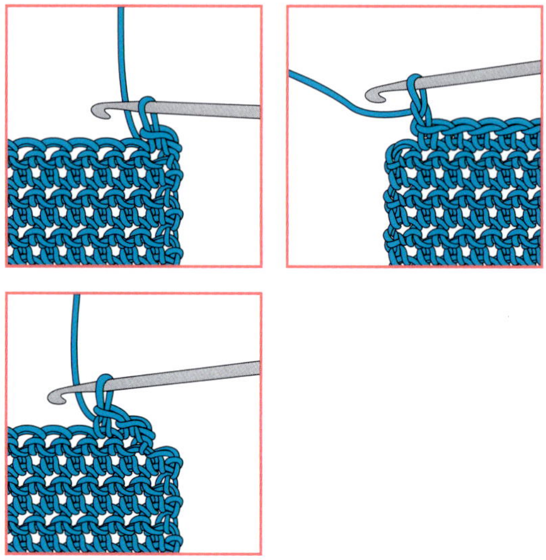

1 Am rechten Arbeitsrand 1 Masche mit 1 Kettmasche übergehen. Diese Kettmasche wird in der Rückreihe nicht überhäkelt.

2 Dann bis zum linken Arbeitsrand häkeln, aber die letzte Masche unbehäkelt stehen lassen. Mit einer Wendeluftmasche wenden, wenn in der nächsten Reihe nicht gleich weiter abgenommen werden soll.

3 Soll in der folgenden Reihe sofort wieder abgenommen werden, die 1. Masche mit 1 Kettmasche übergehen und mustergemäß weiterhäkeln.

ARBEIT BEENDEN

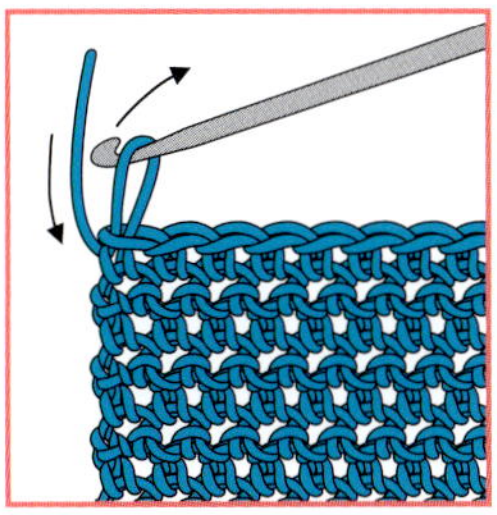

Den Faden durch die letzte Masche ziehen und fest anziehen. Dadurch bildet sich der Abschlussknoten.

BÜSCHELMASCHEN

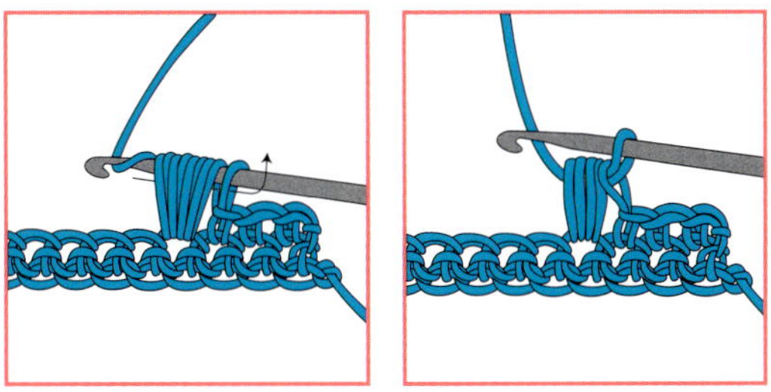

1 Einen Umschlag um die Nadel legen, einstechen, den Faden holen und durchziehen. Diese Schlinge lang ziehen. Einen weiteren Umschlag um die Nadel legen, einstechen, eine weitere Schlinge durchholen und lang ziehen. Dies noch 2x wiederholen.

2 Dann den Faden nochmals holen, durch alle Schlingen ziehen und die Büschelmasche mit einer Luftmasche fixieren.

DOPPELSTÄBCHEN

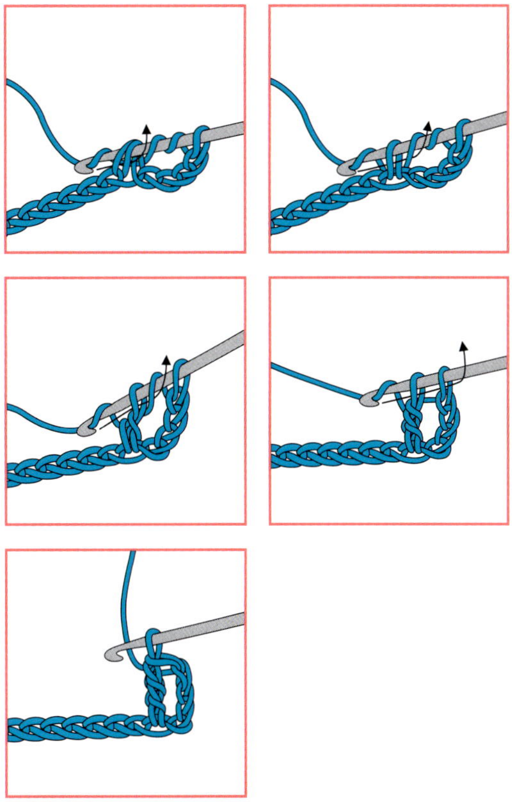

1 2 Umschläge um die Nadel bilden und am Anfang in die 5. Masche von der Nadel aus (später in die folgende) einstechen. Den Faden um die Nadel legen. Diesen Umschlag durchziehen.

2 Es liegen nun 4 Schlingen auf der Nadel. Den Faden wieder um die Nadel legen. Diesen Umschlag durch 2 der 4 Schlingen ziehen.

3 Es liegen nun 3 Schlingen auf der Nadel. Den Faden wieder um die Nadel legen. Diesen Umschlag durch 2 der 3 Schlingen auf der Nadel ziehen.

Grundkurs Häkeln

4 Den Faden noch einmal um die Nadel legen. Diesen Umschlag durch die letzten beiden Schlingen auf der Nadel ziehen.

5 Das Doppelstäbchen ist fertig. Die Schritte 1 bis 4 stets wiederholen. Jede Runde beginnt mit 4 oder der gezeichneten Anzahl von Wendeluftmaschen als Ersatz für das 1. Doppelstäbchen. Das letzte Doppelstäbchen einer Reihe wird stets auf die oberste Wendeluftmasche der Vorreihe gehäkelt.

FADEN ANSETZEN

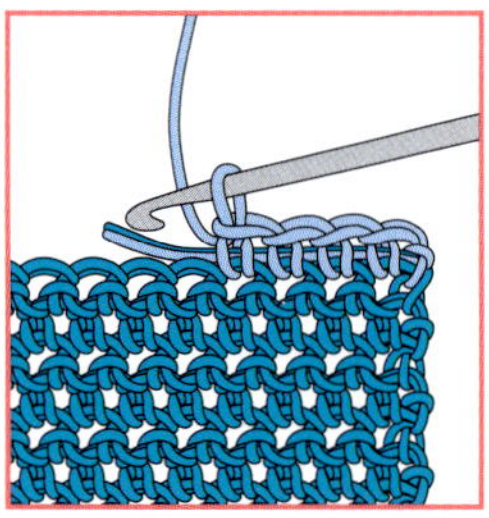

Am einfachsten ist der Knäuelwechsel am Ende einer Reihe oder Runde. Die letzte Masche bereits mit dem neuen Faden abmaschen. Den alten Faden sowie das lose Ende auf etwa 5 cm zurückschneiden. Wenden und nach der erforderlichen Anzahl Wendeluftmaschen die folgenden 4 bis 5 Maschen um die Fadenenden herum häkeln. Reicht der Faden nicht bis zum Reihenende, hilft entweder Aufziehen und ein erneuter Reihen- bzw. Rundenbeginn oder ein Fadenwechsel wie beim Farbwechsel.

FADENRING

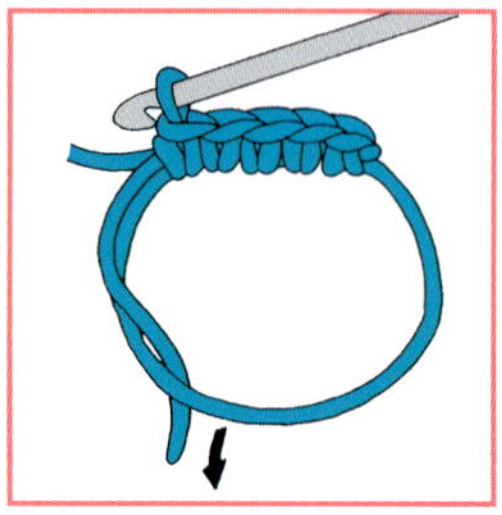

Den Faden mehrere Male um den linken Zeigefinger wickeln. Das Fadenende sicher zwischen Zeigefinger und Daumen halten. Den Fadenring vorsichtig vom Finger gleiten lassen. Den Arbeitsfaden um die Nadel legen und durch die Mitte des Rings ziehen. Dann die erforderliche Zahl Anfangsluftmaschen für die gewählte Maschenart häkeln.

FADEN VERNÄHEN

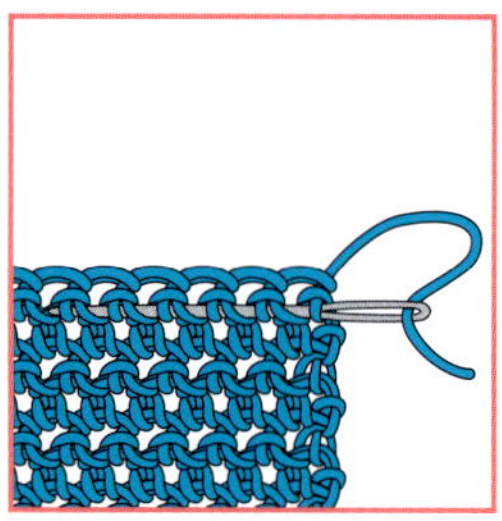

Das Fadenende in eine stumpfe Wollnadel fädeln und in die Randmaschen einziehen. Möglichst nicht durch das Garn stechen. Bei sehr lockerem Maschenbild evtl. nochmals eine Reihe tiefer in die Gegenrichtung vernähen. Dann den Faden abschneiden.

FESTE MASCHEN

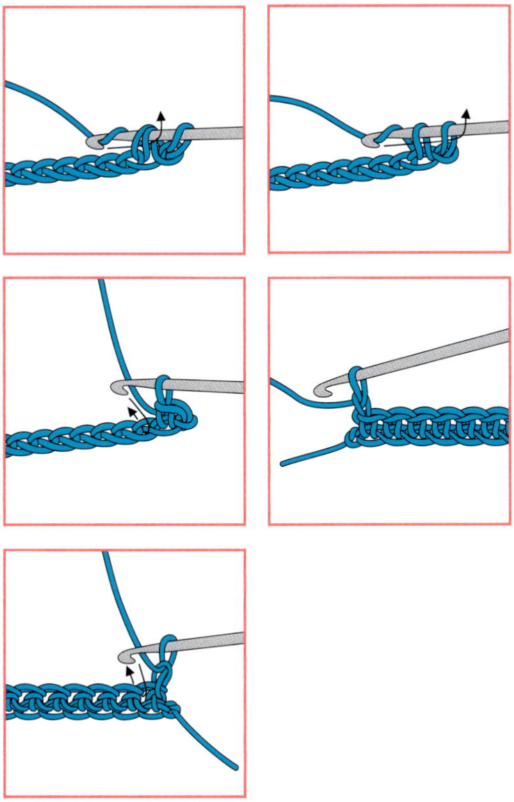

1 In die 2. Luftmasche von der Nadel aus einstechen, den Faden von hinten nach vorn um die Nadel legen.

2 Diesen Umschlag durchziehen, nun liegen 2 Schlingen auf der Nadel. Den Faden erneut um die Nadel legen und durch beide Schlingen ziehen.

3 Die 1. Feste Masche ist fertig. Nun in die nächste Luftmasche einstechen und die Schritte 1 und 2 wiederholen.

4 Am Ende der Reihe angekommen, eine Wendeluftmasche arbeiten. Dafür einen Umschlag bilden und durch die Schlinge ziehen.

5 Die Arbeit wenden, in die 1. Masche der Vorreihe einsteche und eine feste Masche, wie in Schritt 1 bis 2 beschrieben, arbeiten bi das Ende der Reihe erreicht ist. Mit einer Wendeluftmasche die Arbeit wenden. Die 3. und jede weitere Reihe genauso arbeiten.

FESTE MASCHEN TIEFER EINSTECHEN

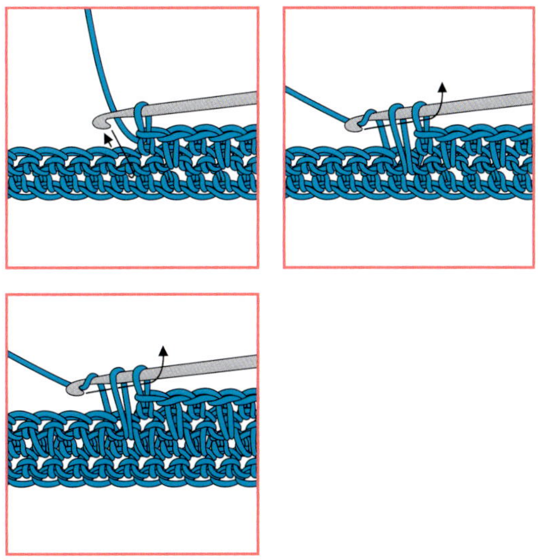

1 Beim Einstechen jeweils beide Maschenglieder der Vorreihe erfassen, jede 2. Masche jedoch eine Reihe tiefer einstechen und die Schlinge lang ziehen.

2 Den Umschlag durchholen. Nun wie bei allen festen Maschen den Faden erneut um die Nadel legen und durch beide Schlingen ziehen.

Grundkurs Häkeln

3 In der folgenden Reihe das Muster versetzen, so dass die tiefergestochenen Maschen nicht unmittelbar übereinander liegen.

HALBE STÄBCHEN

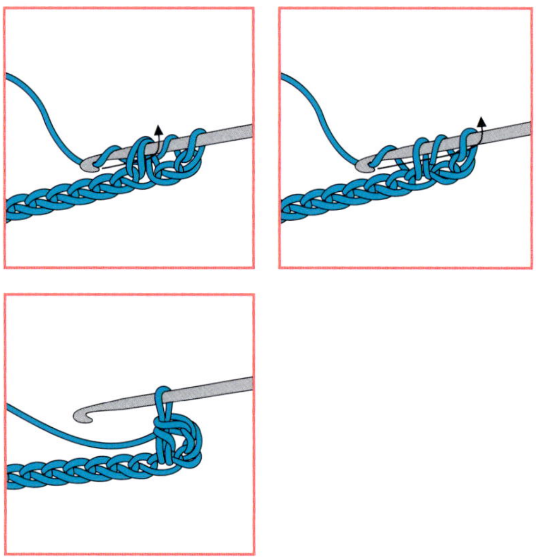

1 Einen Umschlag um die Nadel legen, einstechen, den Faden holen und durchziehen. Es liegen nun 3 Schlingen auf der Nadel.

2 Den Faden abermals holen und durch alle 3 Schlingen ziehen.

3 Das erste halbe Stäbchen liegt auf der Nadel.

KETTMASCHEN

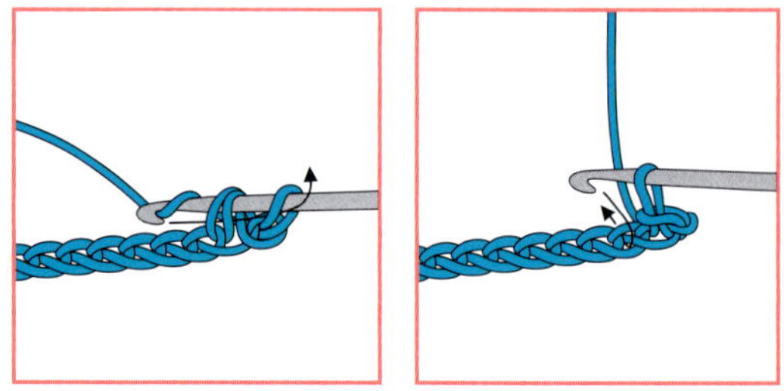

1 In die 2. Masche von der Nadel aus einstechen, den Faden um die Nadel legen und diesen Umschlag durch alle Schlingen ziehen.

2 Diesen Ablauf wiederholen, wenn mehr als eine Masche übergangen werden soll oder wenn die Kettmaschen zum Kanten umhäkeln eingesetzt werden sollen.

KREBSMASCHEN

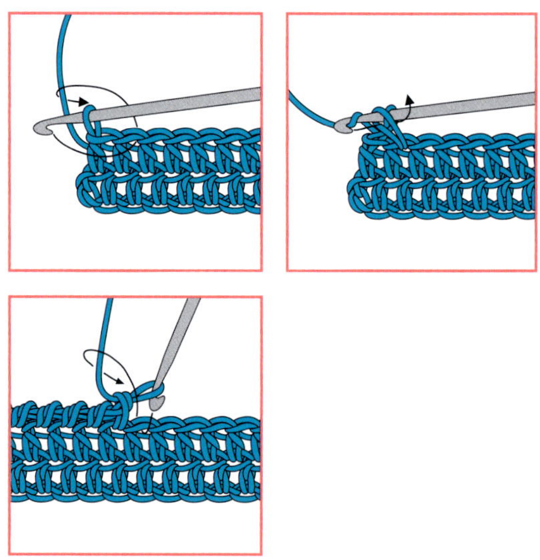

1 Die Arbeit nicht wenden, sondern in die letzte Masche der Vorreihe von vorn nach hinten einstechen und den Faden zur Schlinge durchholen.

2 Den Faden um die Nadel legen und diesen Umschlag durch beide Schlingen auf der Nadel ziehen.

3 Weiter im „Krebsgang“, also rückwärts, häkeln, dabei die Schritte 1 und 2 stets wiederholen.

LUFTMASCHENANSCHLAG

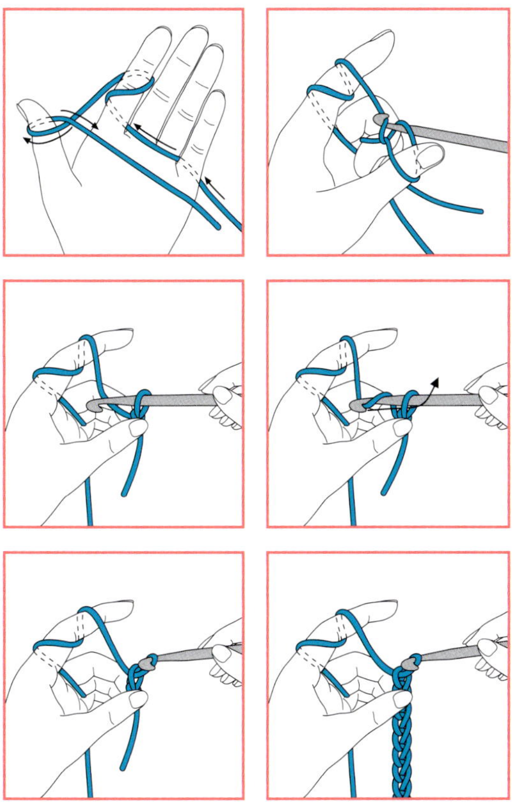

1 Den Faden wie im Bild gezeigt um die linke Hand legen.

2 Die Häkelnadel von unten in die Daumenschlinge schieben. Den Faden, der vom Zeigefinger kommt, mit der Häkelnadel fassen und durch die Daumenschlinge ziehen. Den Daumen aus der Schlinge nehmen.

3 Nun ist der Anschlagsknoten fertig und eine Schlinge liegt auf der Nadel. Die Schlinge so anziehen, dass sie locker auf der Nadel liegt, aber nicht herunterrutscht.

4 Den Anschlagsknoten mit Daumen und Mittelfinger halten und den Faden, der vom Zeigefinger kommt, von hinten nach vorn über die Nadel legen.

5 Diesen Umschlag durch die Anfangsschlinge ziehen.

6 Die Schritte 4 und 5 stets wiederholen, bis die gewünschte Luftmaschenanzahl erreicht ist. Dabei jeweils die letzte Luftmasche mit Daumen und Mittelfinger halten.

ZUNAHME: 3 MASCHEN IN 1 EINSTICHSTELLE

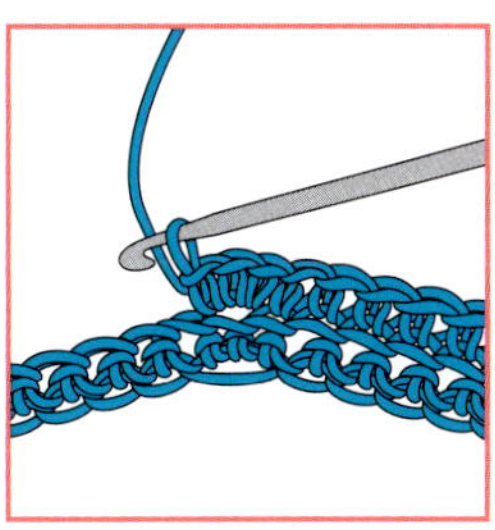

Nacheinander 3 feste Maschen häkeln, dabei stets dieselbe Einstichstelle verwenden.

Impressum

Autorin: Karoline Hoffmeister
Fotos: shutterstock (Seite 2-5, Seite 122-127);
Petra Obermüller (Seite 6-60, Seite 68-83);
Nicolas Olonetzky (Seite 64-67, Seite 84-94);
Herberth Dehn (Seite 96-118)
Produktmanagement: Helgrid van Impelen
Lektorat: Dr. Stefanie Gronau
Korrektorat: Anna Maier
Umschlaggestaltung: Leeloo Molnàr
Layoutentwurf & Satz:
Marion Tykal, MXM Digital Service GmbH
Repro: LUDWIG:media
Herstellung: Stephanie Schlemmer
Printed in Slovenia by Florjancic

★★★★★

Sind Sie mit diesem Titel zufrieden? Dann würden wir uns über Ihre Weiterempfehlung freuen. Erzählen Sie es im Freundeskreis, berichten Sie Ihrem Buchhändler oder bewerten Sie beim Onlinekauf. Und wenn Sie Kritik, Korrekturen oder Aktualisierungen haben, freuen wir uns über Ihre Nachricht an Christophorus Verlag, Postfach 40 02 09, D-80702 München oder per E-Mail an lektorat@verlagshaus.de.

Unser komplettes Programm finden Sie unter

www.christophorus-verlag.de

Wir bedanken uns ganz herzlich bei der Firma Lana Grossa und insbesondere bei Frau Christine Lenz für die freundliche Unterstützung und die Bereitstellung von Fotomaterial und Garnen.

Die Deutsche Nationalbibliothek verzeichnet diese Publikation in der Deutschen Nationalbibliografie; detaillierte bibliografische Daten sind im Internet über http://dnb.d-nb.de abrufbar.

3. Auflage 2025

Infanteriestraße 11a, 80797 München

ISBN 978-3-8410-6630-5

Kreativ-Service

Sie haben Fragen zu unseren Büchern und Materialien? Wir beraten Sie gern rund um alle Kreativthemen. Rufen Sie uns einfach an. Wir interessieren uns auch für Ihre eigenen Ideen und Anregungen. Sie erreichen uns per E-Mail **kreativ-service@c-verlag.de** oder unter der Telefonnummer **0049-89-1306 99 577**.

Besuchen Sie uns im Internet: www.christophorus-verlag.de & www.selbstgemacht.de